LES PHILOSOPHES DES LUMIÈRES

ANDRÉ GUIGOT

ES ESSENTIELS MILAN

Sommaire

Les mots suivis d'un astérisque (*) sont expliqués dans le glossaire.

LA RÉVOLUTION DE LA RAISON

En 1715, la mort de Louis XIV, le « Roi Soleil », ouvre le siècle des Lumières qui va bouleverser le monde. Littérature, économie, sciences, et bien sûr philosophie : tous les domaines de la culture et du savoir vont être transformés par les idées nouvelles qui vont déferler sur l'humanité. Contre l'obscurantisme, les préjugés de toutes sortes, les philosophes vont revendiquer les droits de la raison et faire naître une ouverture d'esprit. Ils considèrent, chose nouvelle, que ce pouvoir est présent en chaque homme : les « Lumières » éclairent un nouvel humanisme.

Rien, dans le monde d'aujourd'hui traversé par tant d'incertitudes, ne serait compréhensible sans la prise en compte de cet héritage considérable. La démocratie, la république, la laïcité, la parité homme-femme sont les fruits de cette période d'intenses bouleversements. Les philosophes, tour à tour savants et aventuriers, redéfinissent les contours de la science, de la morale et de la politique. Au cœur de ce combat des idées, ils fondent cet « esprit critique » universel et rationnel dont nous mesurons le prix aujourd'hui. Synthèse de l'essentiel, petit voyage dans le passé des événements et des idées, cet ouvrage restitue avec passion l'aventure de ces Lumières si décisive pour l'humanité.

Des théologiens éclairés

La religion n'est pas synonyme d'obscurantisme*. Le judaïsme, l'islam et le christianisme ont eu leurs théologiens éclairés qui ont su développer la raison au cœur de la foi.

Maimonide et son *Guide des égarés*

Rabbi Moshé ben Maïmon, dit Moïse Maimonide (1138-1204), est la figure dominante du judaïsme médiéval. À la fois théologien, médecin et philosophe, il accomplit dans son grand livre, le *Guide des égarés*, un geste décisif pour le développement de la philosophie occidentale en rapprochant le savoir issu des Grecs et les enseignements de la foi religieuse. Maimonide rend compatibles les vérités « révélées » de l'Ancien Testament, que les Juifs appellent *Tanakh*, avec les exigences rationnelles* héritées d'Aristote. Parallèlement à la *Michné Torah* (« Répétition de la Loi »), le sage écrit (en arabe) sur la logique et réalise, avec son *Guide des égarés*, le strict respect des *mitzvot* (commandements rituels religieux quotidiens) et l'exercice de la raison* qui permet d'en saisir le sens. Une telle ambition se heurte aux esprits fermés, violents. Le *Guide des égarés* rejette l'idolâtrie, la superstition au profit d'une religion éclairée par la raison. Il conçoit un Dieu inaccessible à l'imaginaire, incorporel et éternel et théorise le marranisme (pratique secrète du judaïsme) en cas de persécutions.

L'obscurantisme, un mythe ?

Ce sont les individus, et non les religions en tant que telles, qui sont parfois les ennemis de la raison. L'obscurantisme n'est pas propre au Moyen Âge qui témoigne d'une richesse extraordinaire en sciences (Al-Khwarizmi en mathématiques) et en philosophie (saint Anselme et ses preuves de l'existence de Dieu...).

Averroès le rationaliste

L'autre grande figure dans la connaissance et la transmission du savoir grec au cœur même de la religion est Ibn Rushd (1126-1198), appelé Averroès par l'Occident. Immense savant, théologien, médecin, juge et philosophe, il concilie les vérités du Coran et celles issues de la logique d'Aristote. C'est lui qui traduit Aristote, offrant sa science au savoir occidental. Il défend les méthodes de la controverse juridique, de la démonstration logique, conçoit les modes d'accession à la vérité (la « conception » et « l'assentiment »), analyse toutes les facultés propres à la connaissance et à la foi. Plus rationaliste qu'Avicenne (987-1037), qui fut lui aussi un grand maître de l'islam, il offre à l'Occident sa science et sa connaissance de la pensée grecque. Il est critiqué par l'autorité religieuse qui n'admet pas l'exercice de la raison philosophique parallèlement à la foi. La sensation et l'imagination sont analysées comme les premières marches vers la connaissance rationnelle.

Raison et Révélation

« Puisque donc cette Révélation est la vérité... alors nous, musulmans, savons de science certaine que l'examen (des étants) par la démonstration n'entraînera nulle contradiction avec les enseignements apportés par le Texte révélé... »
Averroès, *Discours décisif*.

Thomas d'Aquin

Considéré comme l'un des plus grands théologiens du Moyen Âge, saint Thomas d'Aquin (1228-1274) montre lui aussi comment la foi et la raison (lumière naturelle de l'âme humaine issue de Dieu) peuvent coexister et s'enrichir mutuellement dans la recherche de la vérité. Il y a donc des vérités accessibles à cette faculté de connaître, de penser objectivement, la raison : « [...] *la vérité se définit par la conformité de l'intellect avec les choses, et il en résulte que connaître une telle conformité, c'est connaître la vérité* » (*Somme théologique*, Tome II, 1265-1273). L'homme est libre, doué du pouvoir de juger, de choisir, et cette liberté le rend responsable. Saint Thomas conçoit l'autonomie de la raison et de la philosophie, tout en étant un immense théologien, et constitue, en cela, une étape fondamentale dans l'histoire de la pensée.

Dans les trois grandes religions monothéistes, on trouve des penseurs qui font dialoguer, dans leur œuvre, raison et foi, constituant les origines souvent méconnues des Lumières.

Le cartésianisme

Fondateur du rationalisme* moderne, Descartes est le philosophe à l'origine du mouvement des Lumières. La raison et la liberté deviennent l'essentiel de l'homme.

C'est quoi, être cartésien ?

Une vie mouvementée

Descartes mène une vie d'aventurier. Il s'engage dans l'armée, part travailler en Hollande. Appelé par Christine de Suède qui souhaite recevoir des cours, il prend froid et meurt à Stockholm le 11 février 1650.

Au Moyen Âge, la « lumière » était divine, elle devient humaine avec Descartes (1596-1650) en désignant la raison*, la faculté de comprendre et d'ordonner le monde. Elle permet d'échapper aux préjugés. Être cartésien, c'est ne pas croire à ce que l'on voit, mais n'accepter comme « vérité » que ce qui aura su résister au doute. Le vrai est donc pensable, et non perceptible par les sens, d'où la « lumière » intérieure de la raison, dont les mathématiques offrent un bel exemple. Ni la tradition, ni l'expérience sensible (« *nos sens nous trompent* ») ne permettent d'atteindre le « vrai ». L'intuition est ici la vision du vrai par l'intelligence, et non un sentiment. Descartes influencera directement les Lumières en faisant de la raison humaine l'origine même de toute connaissance. Ajoutons que ce savoir est universel*. Chacun peut tout comprendre : l'égalité et la liberté sont des principes issus du cartésianisme.

Une méthode, le cogito

Descartes met au point une méthode inspirée des mathématiques, exposée dans son *Discours de la méthode* (1637). On comprend l'absurdité de ceux qui, de nos jours, distinguent des esprits « littéraires » *ou* « scientifiques » : rien de plus opposé à Descartes comme à l'esprit universel des Lumières ! La méthode établit quatre règles : 1) l'évidence : n'admettre comme vrai que ce qui est conçu clairement et distinctement ;

> **Les préceptes**
> *« La première* [maxime] *était d'obéir aux lois et aux coutumes de mon pays* [...]. *Ma seconde maxime était d'être le plus ferme et le plus résolu en mes actions que je pourrais* [...]. *Ma troisième était de tâcher de me vaincre plutôt que la fortune, et à changer mes désirs que l'ordre du monde* [...]. »
> Descartes, *Discours de la méthode*, 1637.

2) l'analyse : diviser le problème en autant de parties qu'il en faut pour le résoudre ; 3) la synthèse : ordonner ses pensées, des plus simples aux plus complexes, en supposant de l'ordre dans ces dernières *même quand il n'est pas apparent* ; 4) le dénombrement pour s'assurer que rien n'a été omis. Le « cogito » désigne cette opération par laquelle, en doutant de tout, on parvient progressivement à la seule vérité qui résiste au doute : la pensée. L'homme se découvre ainsi comme première vérité, source de certitude, et comme première réalité dont toute l'essence* est de penser. Plus je doute, plus je pense. Comme douter, c'est penser, je pense donc je suis... Cette certitude concerne la subjectivité, ou « chose pensante » qu'est l'homme.

La morale, la science et Dieu...

Descartes invente une morale provisoire, certes moins certaine que les règles de la méthode, mais utile et destinée à servir de guide dans l'existence. L'autorité de la tradition ne suffit plus à dire le vrai ; seule la raison est capable de la vérifier. L'idéal encyclopédique de la Renaissance doit être soumis à l'ordre des raisons. Sa « morale provisoire » a pour but de continuer à avancer dans la vie en l'absence de toute certitude. La suspension de jugement est requise en sciences, impossible dans l'action. Il faut donc continuer à agir, d'où la nécessité et la modestie d'une telle morale. Descartes fait de l'Homme un sujet connaissant, et de la nature un objet à connaître par la physique. Enfin, il démontre l'existence de Dieu. Le philosophe prouve sa confiance dans le pouvoir de la raison humaine : cette attitude sera constitutive de l'esprit des Lumières.

> En faisant de la raison humaine le fondement de toute connaissance, Descartes (1596-1650) est le penseur fondamental de la modernité, et ouvre la voie à la philosophie des Lumières.

Pensées diverses sur la comète de Bayle

Pierre Bayle, rationaliste et croyant, sépare la foi de la raison. Il défend l'explication philosophique contre les superstitions qui ont accompagné le passage d'une comète.

Une vie de conflits

Pierre Bayle (1647-1706) est contraint à l'exil pour hérésie : protestant converti dans un premier temps au catholicisme, il revient à sa foi première, étudie la théologie à Genève, le cœur du calvinisme (version austère et radicale du protestantisme insistant sur la dimension prédéterminée et individuelle du Salut de l'âme). Lorsque le roi ordonne la fermeture en 1681 de l'Académie de Sedan où il enseigne, Bayle s'exile à Rotterdam, entreprend de lutter contre les superstitions, pour la tolérance et la liberté de conscience. Son *Dictionnaire historique et critique* (1695-1697) est interdit, mais son rationalisme* (arme de combat contre les préjugés) influence fortement les Lumières, notamment les encyclopédistes.

Une comète... et l'esprit des Lumières !

En 1680, une comète apparaît, entraînant la peur, les superstitions de toutes sortes, les croyances puériles aux miracles ou à la fin du monde... C'est l'occasion pour le philosophe, en cela précurseur des Lumières, de soutenir dans ses *Pensées diverses sur la comète* (1682) que les phénomènes ne se produisent dans la nature qu'en vertu des lois physiques. La comète n'est donc pas un message, un signe de Dieu pour convaincre les athées*. Bayle tourne en ridicule les superstitions inspirées par la religion. Dieu n'a pourtant pas besoin de recourir aux miracles, surtout quand on sait que bien des gens se disent

Bayle le perturbateur

« Bayle fait éclater les formes comme les systèmes. Il est par excellence un perturbateur. »
Pierre Rétat, Notes sur les *Pensées diverses sur la comète*, 1994.

athées… tout en étant superstitieux ! Le démontage des superstitions s'accompagne d'un rappel à la foi authentique. Bien des athées vivent vertueusement, et cela devrait davantage faire réfléchir bien des croyants. Enfin et surtout, le nombre de ceux qui adhèrent à une erreur ne suffira jamais à en faire une vérité : on voit ici l'affirmation d'un principe fondateur des Lumières.

Critique de l'astrologie et des chrétiens

Sa critique de l'astrologie, reine des fausses sciences, est radicale : « *Mais il ne sera pas inutile de faire voir qu'encore que l'Astrologie soit la plus vaine de toutes les impostures, elle n'a pas laissé de s'établir dans le monde une espèce de domination* » (*Pensées diverses sur la comète*, 1682). L'argument principal des astrologues est le nombre de ceux qu'ils convainquent. Bayle attaque aussi les chrétiens ; se dire croyant ne suffit pas à protéger du mal, si le cœur n'est pas vertueux. Pire, Bayle montre que, dans les faits, les chrétiens ne sont souvent pas dignes des préceptes de l'Évangile. « *Quand on compare les mœurs d'un homme qui a une Religion avec l'idée générale que l'on se forme des mœurs de cet homme, on est tout surpris de ne trouver aucune conformité entre ces deux choses* » (*Pensées diverses sur la comète*). Bayle, croyant authentique, dénonce ceux qui trahissent leur foi par leur pratique, souvent à des années-lumière (c'est le cas de le dire !) de leurs principes.

La vertu des athées

Peut-on être moral sans croire en Dieu ? Être en accord avec des valeurs pose le problème de leur origine, et dire « à chacun ses valeurs » ruine toute morale. Malgré ces difficultés, Bayle constate que dans les faits, bien des athées sont (paradoxalement ?) plus vertueux que des chrétiens, ouvrant ainsi la voie à la séparation prônée par les Lumières entre religion et morale.

Pierre Bayle (1647-1706) est un précurseur des Lumières. À l'occasion du passage d'une comète en 1680, il défend le rationalisme contre les superstitions de l'astrologie. La foi et la raison* ne sont pas ennemies, et les chrétiens devraient vivre en accord avec leurs croyances.

Fontenelle

Fontenelle représente le philosophe, écrivain et scientifique désireux de tout apprendre... et de partager le savoir. Il analyse l'origine des illusions, offrant à tous les connaissances du monde.

Le Moderne contre les Anciens...

Élu à l'Académie française en 1691 après quatre refus, il « agresse » littéralement les Anciens dans son discours : son œuvre témoigne de ce rejet pour l'Antiquité. Voltaire dira : « *On peut le regarder comme l'esprit le plus universel que le siècle de Louis XIV ait produit.* »

Un philosophe touche-à-tout et centenaire !

Bernard Le Bovier de Fontenelle (1657-1757) est le penseur audacieux et éclectique par excellence. Il s'essaie à tous les genres : théâtre, roman (*La République des philosophes*, où il imagine une démocratie matérialiste*), philosophie et science... Académicien à 34 ans, il vulgarise la science, défend les valeurs de progrès. Son principe ? « *Instruire et divertir tout ensemble.* » Diffuser le savoir constitue un projet humaniste préfigurant le siècle des Lumières. Fontenelle imagine dans le *Dialogue des morts* (1683) des « entretiens » entre des personnages illustres (Socrate avec... Montaigne !), explique l'astronomie*, fustige les préjugés, les illusions religieuses, et met au point une analyse nouvelle de l'histoire fondée sur l'optimisme rationaliste*. Sa longévité exceptionnelle – on dit qu'il pratiquait encore la philosophie à... 99 ans ! –, sa passion pour la science et sa défense de la raison* universelle* en font un philosophe déterminant dans le destin des Lumières.

La critique de l'illusion religieuse

Le philosophe au-delà des apparences

« Je me figure toujours que la nature est un grand spectacle qui ressemble à celui de l'opéra **[...]**. *Les vrais philosophes passent leur vie à ne point croire à ce qu'ils voient, et à tâcher de deviner ce qu'ils ne voient point. »* **Fontenelle, *Entretiens sur la pluralité des mondes*, 1686.**

En 1687, dans *Histoire des oracles*, Fontenelle démontre que la croyance aux oracles, si prisée durant l'Antiquité, relève de la superstition. Il vise ainsi à la fois l'admiration aveugle pour les Anciens et la crédulité contemporaine. L'esprit religieux lui semble accorder trop d'importance à de prétendus « mystères », voire à ce qui paraît surnaturel. Et ce défaut concerne tous : bien souvent, les hommes échangent des idées et des arguments opposés sans avoir assez examiné les faits. « *Assurons-nous bien du fait, avant de nous inquiéter de la cause* » (*Histoire des oracles*, 1687). L'écrivain illustre ainsi cette illusion : en 1593, le bruit a couru qu'une dent en or avait poussé dans la bouche d'un enfant de 7 ans. Les spéculations sont allées bon train : il s'agissait de trouver les raisons divines d'un tel phénomène. D'éminents savants ont écrit des livres, échangé des arguments, le tout dans une grande fièvre polémique… jusqu'à ce qu'un orfèvre découvre la raison du « miracle » : une feuille d'or appliquée à la dent. « *Mais on commença par faire des livres, et puis on consulta l'orfèvre.* » Une leçon d'humilité pour les adeptes du surnaturel.

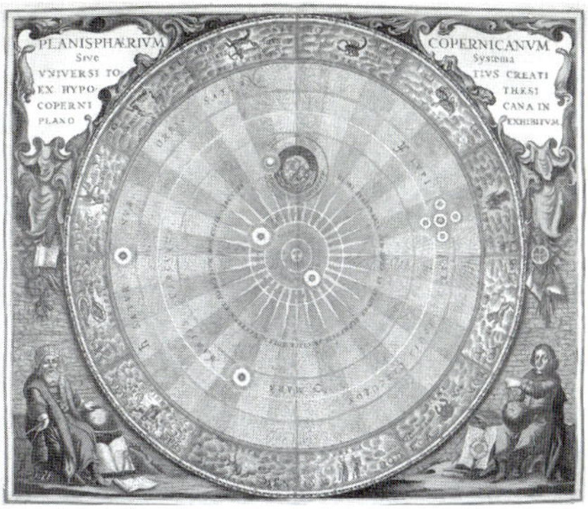

Représentation du système de Copernic (1473-1543). Cette théorie place le Soleil au centre de l'univers et est à l'origine de la révolution scientifique du XVIIe siècle.

L'astronomie à la portée de tous

Fontenelle est un précurseur des Lumières, il se fait un devoir de transmettre son savoir immense. Dans les *Entretiens sur la pluralité des mondes* (1686), il rapporte des conversations avec une marquise, sous le ciel magnifique de belles nuits d'automne… Six soirées, où le philosophe lui fait découvrir entre autres choses le système de Copernic (1473-1543). Dans son *Traité des révolutions des orbes célestes* (1543), celui-ci émet l'hypothèse que le Soleil est au centre de notre système planétaire (l'héliocentrisme). Puis Fontenelle décrit étoiles et planètes, conçoit d'autres « mondes » peuplés d'êtres vivants. On dit aujourd'hui que les philosophes devraient aimer les sciences, mais l'inverse est aussi vrai : il n'y a de vrai scientifique que celui qui est *aussi* philosophe.

Fontenelle (1657-1757) est l'exemple que tout vrai scientifique est aussi philosophe. Il critique les illusions sous toutes ses formes, et se moque des pseudo-miracles. Son talent littéraire sert admirablement ses idées.

La passion pour les sciences

La curiosité et un idéal de connaissance universelle favorisent l'intérêt des philosophes du XVIIe siècle pour les sciences, en particulier les mathématiques et la physique.

Les mathématiques pour modèle

Les philosophes ont toujours aimé les mathématiques, à cause de leur indépendance à l'égard des illusions empiriques. Dans l'Antiquité, Platon (427-347 avant J.-C.) écrit à l'entrée de son Académie : « *Nul n'entre ici s'il n'est géomètre.* » Descartes (1596-1650) invente la géométrie analytique et ses fameuses coordonnées permettant de résoudre des équations algébriques (type $y = mx + b$). Il conçoit « l'étendue », un espace géométrique de compréhension susceptible de quantifier l'espace naturel. La physique moderne est née. Galilée (1564-1642) impose le système copernicien. Il établit la loi de la chute des corps : $D = ct^2$, où c est un paramètre (distance parcourue) et t désigne le temps. En observant le ciel, il découvre notamment les cratères de la Lune, les phases de Vénus, la composition de la Voie lactée, qui n'est plus une masse brillante et mystérieuse mais un amas gigantesque d'étoiles. Il montre que l'Univers s'explique par une raison* capable d'en saisir les lois du mouvement, la « mécanique ». Leibniz découvre en 1676 le calcul infinitésimal et intégral, mais aussi qu'il existe des degrés de perception inconscients, d'où la nécessité de formaliser des sommes et des divisions à l'infini. Spinoza rédige ainsi le titre de son monument philosophique, publié après sa mort : *L'Éthique démontrée selon la méthode géométrique* (1677) ; les mathématiques sont partout dans la philosophie, parce que la philosophie utilise ce que l'intelligence produit de mieux pour penser le monde réel.

Galilée lu par Kant

Galilée (1564-1642) introduit les mathématiques dans la description des phénomènes naturels. Condamné par l'Inquisition en 1633 pour avoir soutenu la thèse de Copernic sur le mouvement de la Terre, le philosophe sera lui-même soutenu, bien plus tard, par Kant.

Les Lumières de la science

L'un des traits caractéristiques du XVIIe siècle, c'est la passion des philosophes pour les sciences. Cet encyclopédisme va influencer directement les conceptions du siècle suivant, appelé « siècle des Lumières ». La séparation actuelle entre philosophes d'un côté et scientifiques de l'autre est non seulement irrationnelle, catastrophique pour une approche humaniste de l'éducation, mais elle contredit l'esprit des Lumières ! Les mathématiques sont un langage universel*, réalisant les idéaux de liberté (nulle autorité à part celle de la raison), d'égalité (tout le monde peut les comprendre quelle que soit son origine), et, qui sait, de fraternité : un monde gouverné par l'intelligence ne connaîtrait peut-être pas la violence. L'astronome Kepler (1571-1630 ; Les trois *lois de Kepler* : orbites, aires et périodes du mouvement des planètes), le physicien Newton (1642-1727 ; met en évidence la conservation de la quantité de mouvement : q = mv, et en 1687, la loi de l'attraction universelle) ne font pas seulement de la science un outil de mesure et d'observation, ils donnent à voir et à penser la nature écrite dans un langage que la raison peut décrypter selon ses propres lois.

Une mathématique universelle

« On remarque ainsi qu'il doit y avoir quelque science en général expliquant tout ce qu'on peut chercher touchant l'ordre et la mesure sans application à une matière particulière, et que cette science est appelée [...] mathématique universelle. »
Descartes, *Règles pour la direction de l'esprit*, 1628.

L'exemple de Leibniz

D'éminents philosophes-mathématiciens comme Leibniz considèrent que la science doit être ordonnée dans un système permettant de rendre compte de la nature dans sa totalité : c'est ce que l'on nomme une « métaphysique ». Science et philosophie deviennent ici complémentaires. « *Quoique en effet tout arrive dans la nature selon des lois mathématiques et mécaniques, j'ai découvert cependant que les lois mécaniques elles-mêmes sont nées de certains principes plus élevés : la matière est mobile par elle-même, mais elle ne peut cependant avoir par elle-même le mouvement proprement en acte ; elle doit être mise en branle par quelque cause incorporelle* » (Leibniz, Lettre à Schrader).

L'humanisme repose sur une conception universaliste du savoir : tout homme peut tout comprendre. Les philosophes du XVIIe siècle se passionnent pour les sciences par humanisme.

Montesquieu

Montesquieu est à l'origine des principales idées qui vont constituer notre idéal républicain. Sa théorie de la séparation des pouvoirs, ses analyses des sociétés restent pertinentes aujourd'hui.

La séparation des pouvoirs

> **Les *Lettres persanes***
>
> **Montesquieu fait paraître, en 1721, les *Lettres persanes*, à Amsterdam, sans dire qu'il en est l'auteur. Deux Persans (Usbek et Rica) découvrent Paris et les coutumes françaises, ce qui leur inspire de nombreuses réflexions. Ils sont eux-mêmes informés des événements d'Orient. Les *Lettres persanes* font découvrir la relativité des mœurs et l'hypocrisie des hommes.**

Charles-Louis de Secondat, baron de Montesquieu (1689-1755), magistrat et membre de l'Académie des sciences de Bordeaux, voyage beaucoup, compare les systèmes de gouvernement et en tire un principe fondateur pour notre république : la séparation des pouvoirs. « *Tout serait perdu, si le même homme, ou le même corps des principaux, ou des nobles, ou du peuple, exerçaient ces trois pouvoirs : celui de faire des lois, celui d'exécuter les résolutions publiques, et celui de juger les crimes ou les différends des particuliers* » (Montesquieu, *De l'esprit des lois*, 1748). La liberté peut bien être définie philosophiquement comme « exercice de la volonté », mais sa réalisation concrète et politique suppose la sécurité, d'où la « bonté des lois criminelles », et l'indépendance des fonctions législative, exécutive et judiciaire. La démocratie moderne se fonde sur ce principe fondamental, conçu par les « lumières » de ce philosophe d'exception.

L'analyse des systèmes politiques

En philosophe politique, Montesquieu définit l'essentiel des genres de gouvernement de la cité. Le despotisme ? « *Un seul, sans loi et sans règle, entraîne* *tout par sa volonté et par ses caprices* » (*De l'esprit des lois*, 1748) ; il fonctionne sur les passions humaines et la crainte religieuse et domine à cette époque en Orient. La république est un système dans lequel « *le peuple ou seulement une partie du peuple a la souveraine puissance* ». L'Antiquité fournit le modèle de la république. La monarchie* (dont la France et l'Angleterre sont des exemples vivants au XVIIIe siècle) est un type de pouvoir dans lequel un seul gouverne selon des lois fixes et établies. L'analyse du politique permet d'évaluer les bons et les mauvais systèmes, Montesquieu en tire une leçon : la liberté politique repose sur des lois et doit se protéger des abus de pouvoir. *De l'esprit des lois* est officiellement interdit en France. Son auteur n'est pourtant pas un révolutionnaire, mais ses critiques de la monarchie gênent le conservatisme.

Contre l'Inquisition

L'Inquisition sévit bien encore au XVIIIe siècle, notamment en Espagne et au Portugal. Montesquieu dénonce l'intolérance religieuse et l'obscurantisme*. « [...] *une nation est bien malheureuse, qui donne de l'autorité à des hommes tels que vous* [les inquisiteurs]. » Montesquieu, *De l'esprit des lois*, 1748.

L'origine des lois

Montesquieu peut être considéré comme un précurseur de la sociologie du droit. Il analyse les causes extérieures à l'origine des lois comme... le climat. Il défend les idéaux de liberté qui influenceront directement la Révolution* française. Il se moque des prétendus « fondements » de l'esclavage. Il considère que le rôle des législateurs est de corriger les influences du milieu naturel sur la vie des hommes. « *Les mauvais législateurs sont ceux qui ont favorisé les vices du climat et les bons sont ceux qui s'y sont opposés* » (*De l'esprit des lois*). Enfin, dans ses *Considérations sur les causes de la grandeur des Romains et de leur décadence* (1734), il soupçonne une logique dans les événements humains accessible à une raison* attentive. Il est en cela un penseur du déterminisme* historique.

Montesquieu réfléchit sur les origines et les conditions du pouvoir. Ses conceptions philosophiques et politiques ont déterminé notre manière de voir la justice et l'État.

Saint-Simon

Écrivain et historien particulièrement réaliste et sévère sur le système de gouvernement de Louis XIV, Saint-Simon critique dans ses *Mémoires* l'arbitraire du pouvoir.

La lente maturation des *Mémoires*...

Contemporain de Montesquieu, Louis de Rouvroy, duc de Saint-Simon (1675-1755), est un aristocrate qui dresse, dans ses *Mémoires* (rédigés de 1723 à 1750 : les héritiers n'autoriseront leur publication complète qu'en 1829), une critique particulièrement sévère du système politique de Louis XIV, de son autoritarisme*. Colonel à 20 ans, une brillante carrière d'officier s'offre à lui. Il rédige pendant une grande partie de sa vie ses *Mémoires* qui sont le fruit d'un travail minutieux d'historien. Ses notes prises durant sa vie à la cour entre 1691 et 1723 donnent à son oeuvre un caractère quasi journalistique. Mais le style, très riche et puissant, en fait une synthèse aux grandes qualités littéraires. Saint-Simon est un auteur de transition entre l'ancien et le nouveau monde, dont la distance prise à l'égard du gouvernement de son époque fait merveille.

Une critique radicale de Louis XIV

Un despotisme au quotidien...

Le roi tenait, par exemple, à ce que tout le monde mange, mange... et ce spectacle le divertissait apparemment beaucoup. « *Dans ce carrosse, lors des voyages, il y avait toujours beaucoup de toutes sortes de choses à manger : viandes, pâtisseries, fruits. Il fallait avoir faim, être gaies, et manger avec appétit et de bonne grâce* [...]. »
Saint-Simon, *Mémoires*, 1829.

Observateur particulièrement fin et talentueux, Saint-Simon fustige l'égoïsme du monarque* et son goût immodéré du pouvoir. Le roi exerce, au quotidien, une autorité sans partage, avec son cortège de cruautés, de lâchetés de ses courtisans, son théâtre de violences et de soumission du plus grand nombre qui ne cherche qu'à s'attirer ses faveurs. À tous les niveaux, le portrait de Louis XIV est incroyablement négatif. « *C'était un homme uniquement personnel, et qui ne comptait tous les autres, quels qu'ils fussent, que par rapport à soi. Sa dureté là-dessus était extrême* » (Saint-Simon, *Mémoires*). La critique du pouvoir, de la personne même du monarque et de ses éternels courtisans était à cette époque extraordinaire et osée. Cette indépendance est source de l'esprit critique des Lumières. Saint-Simon préconise une réforme et une décentralisation du pouvoir royal.

Illustration : de l'anodin au terrible

« *Il voyageait toujours son carrosse plein de femmes : ses maîtresses, après ses bâtardes, ses belles-filles, quelquefois, Madame, et des dames, quand il y avait de la place* » (*ibidem*). Saint-Simon dresse un portrait peu flatteur non seulement du roi, mais de son inévitable cour. La soumission de son entourage à ses caprices, l'égoïsme du roi sont durement et justement peints. Évidemment plus grave : la révocation de l'édit de Nantes. Henri IV avait mis fin en 1598 aux guerres de Religion en reconnaissant aux protestants le droit de pratiquer leur culte. Louis XIV, en 1685, cède aux pressions des catholiques extrémistes et ordonne la révocation de cet édit. Conséquences : des persécutions et le massacre de milliers d'innocents. Tortures, abjurations, communions forcées, et un roi qui croit à cette foule de conversions ! « *Il ne s'était jamais cru si grand devant les hommes, ni si avancé devant Dieu dans la réparation de ses péchés et du scandale de sa vie* » (*Mémoires*).

La révocation de l'édit de Nantes

« La révocation de l'édit de Nantes sans le moindre prétexte et sans aucun besoin et les diverses proscriptions [...] furent les fruits de ce complot affreux qui dépeupla un quart du royaume, qui ruina son commerce, qui l'affaiblit dans toutes ses parties... » Saint-Simon, *Mémoires*, 1829.

Saint-Simon, aristocrate lucide et pessimiste sur l'humanité, offre dans ses *Mémoires* une critique féroce de l'absolutisme et de ses dérives. Ses portraits et ses analyses du pouvoir en font un écrivain sans concession sur la royauté.

Les Voyages de Gulliver de Swift

En imaginant *Les Voyages de Gulliver*, Jonathan Swift accomplit un chef-d'œuvre de critique sociale pleine de réflexions philosophiques sur notre condition et nos valeurs.

Un sacré personnage !

Doyen de la cathédrale anglicane de Saint Patrick à Dublin, Jonathan Swift (1667-1745) écrit une satire, *La Bataille des livres* (rédigée en 1697 et publiée en 1704), confrontant les Anciens aux Modernes. Impliqué politiquement (il est ministre entre 1710 et 1714), il propose une incroyable histoire à son imprimeur londonien qui la censure, l'édulcore afin de choquer le moins possible. Satire politique, fable métaphysique écrite à la première personne, *Les Voyages de Gulliver* paraissent en 1726. Ils mettent en scène un chirurgien de marine sans cesse perdu et reparti dans des aventures extraordinaires.

L'esclavage des domestiques

Jonathan Swift écrit d'autres livres, dont des *Instructions aux domestiques* (1745). Des domestiques se recréent un espace de liberté au cœur même de ce qui les aliène : l'esclavage. Onze textes décalés, pleins de folie en apparence, de sagesse et d'humour.

De l'île de Lilliput à celle des géants…

Lemuel Gulliver fait naufrage sur une île où vivent des habitants de 15 centimètres de haut, en guerre perpétuelle. L'origine du conflit ? D'un côté, les Gros-boutiens (*Big-Endian*) et de l'autre, les Petits-boutiens (*Little-Endian*) qui se disputent… la manière de casser les œufs ! Des guerres interminables et sanglantes, des centaines de livres sur la question, un schisme religieux et bien d'autres malheurs : cette histoire de fous peut bien en rappeler d'autres, aussi violentes et contemporaines… Mais reparti, Gulliver échoue sur une autre île, celle des géants de Brobdingnac, après une tempête. L'occasion, après mille péripéties, de mettre en évidence le relativisme culturel* dont tout voyageur prend conscience en découvrant le monde et en réfléchissant sur l'origine de ses propres croyances. « *En vérité les philosophes ont raison quand ils nous disent qu'il n'y a rien* *de grand ou de petit que par comparaison.* » On est tous des lilliputiens *et* des géants, en fonction de quoi on se compare, et bien des apparences ne sont des « vérités » que par paresse et habitude. Même chose pour la beauté : « *Ceci me fit méditer sur les jolies peaux de nos dames anglaises, dont toute la beauté vient de ce qu'elles sont à notre échelle, et que leurs défauts ne peuvent être perçus qu'à travers des verres grossissants ; l'expérience prouve alors que le teint le plus lisse et le plus blanc apparaît grossier, rugueux et d'une vilaine couleur.* » Ce relativisme* est un concept clé des Lumières, car fruit du savoir rationnel*, mais aussi condition de l'humilité et de la tolérance.

Méchanceté, immortalité, droit des animaux…

En poursuivant son voyage extraordinaire, Lemuel Gulliver est confronté à la méchanceté humaine : un Hollandais, bien que chrétien, l'abandonne dans un petit canot. Puis il découvre des îles volantes où vit un peuple de rêveurs, savants, percevant la réalité en langage mathématique ; tout y est théorèmes, formules… Leur science les rend incapables de voir la vie dans ce qu'elle a de merveilleux et d'incompréhensible. Se pose la question propre aux Lumières et aux Modernes : ne confondons-nous pas ce que nous pensons, ce que nous comprenons du réel, avec ce qu'*est* ce réel en lui-même ? Gulliver découvre les Luggnagiens et leur immortalité. Qui ne rêve pas de devenir immortel ? L'immortalité se confond souvent avec une jeunesse éternelle. Et si nous devenions éternellement vieillards ? « *Le lecteur peut bien croire que je perdis alors tout à fait l'envie de devenir immortel à ce prix.* » Gulliver rencontre ensuite les Houyhnhnms, des chevaux intelligents qui dirigent le monde et maîtrisent les hommes qui leur paraissent inférieurs. La parabole nous fait réfléchir sur la différence homme-animal. Enfin, le mensonge des humains étonne ces êtres étranges pour qui mentir est faire des bruits inutiles avec sa bouche.

Un humour féroce

« Personne n'accepte les conseils mais tout le monde acceptera de l'argent, donc l'argent vaut mieux que les conseils. » « L'homme sage est occupé dans la dernière partie de sa vie à se guérir des folies, des préjugés et fausses opinions qu'il avait contractés dans la première. »
***Instructions aux domestiques*, 1745.**

Les Voyages de Gulliver (1704) nous font réfléchir sur la relativité des valeurs, des mœurs. Swift est un écrivain des voyages extraordinaires, précurseur de cet esprit critique propre aux philosophes des Lumières.

L'incroyable Madame du Châtelet

Injustement méconnue car éclipsée par sa liaison avec Voltaire, cette philosophe prône une vie de savoirs, mêlant la passion de la connaissance à l'amour de tous les plaisirs...

Une femme passionnée...

Gabrielle de Breteuil, devenue marquise du Châtelet par son mariage en 1725 avec le marquis Florent Claude du Châtelet, puis Émilie du Châtelet (1706-1749), est une hédoniste*. Elle goûte à tous les plaisirs qu'offre la vie. Mais dans son *Discours sur le bonheur* (publié en 1779), Madame du Châtelet reconnaît que les malheurs font souvent les grands hommes et font connaître, paradoxalement, le plus beau et le plus fort de l'existence. C'est le grand paradoxe de l'amour. « *On connaît donc bien plus l'amour par les malheurs qu'il cause que par le bonheur souvent obscur qu'il répand sur la vie des hommes.* » Faut-il alors s'en détourner ? Au contraire ! Même des passions qui rendraient malheureux « *seraient encore à désirer, parce que c'est la condition sans laquelle on ne peut avoir de grands plaisirs ; or, ce n'est la peine de vivre que pour avoir des sensations et des sentiments agréables ; et plus les sentiments agréables sont vifs, plus on est heureux.* » Éloge des sens, des plaisirs, mais surtout éloge de l'amour et de la vie, sans lesquels il ne saurait y avoir ni sagesse véritable, ni philosophie.

Une fille des Lumières

« Madame du Châtelet, qui a fait preuve d'une grande audace en examinant tout au crible de la raison et en particulier la Bible, est une agnostique* et peut-être même une secrète athée*. En cela aussi, c'est une parfaite fille des Lumières. »*
Élisabeth Badinter, exposition de la BNF, juin 2006.

... et une femme de science exceptionnelle et méconnue !

On réduit trop souvent l'œuvre d'Émilie du Châtelet à son sensualisme*, alors qu'elle fut une philosophe, une scientifique. Elle apprend très tôt le latin, les mathématiques, les langues vivantes. Elle traduit en français les *Principes mathématiques* de Newton (1726), explique les découvertes de Leibniz en physique, s'enrichit des débats qui opposent les deux savants et auxquels Voltaire ne comprend pas grand-chose… Elle explique la théorie de Leibniz : l'énergie d'un corps (« force vive », aujourd'hui « énergie cinétique ») est proportionnelle à sa masse et au carré de sa vitesse. Elle l'expérimente dans son château de Cirey en faisant tomber des billes de plomb dans de l'argile molle. Première femme reconnue par l'Académie des sciences, elle rédige ses *Institutions de physique* (1740), un traité de science de 450 pages, *Analyse de la philosophie de Leibniz* (1740), puis un mémoire sur « La nature et la propagation du feu » (1744). Rien ne lui échappe dans le développement du savoir.

Un destin tragique

En 1748, elle rencontre un cavalier, Saint-Lambert, beau, jeune et poète à Lunéville. Elle est amoureuse, tombe enceinte, mais poursuit son œuvre malgré l'abandon de son jeune amant. Elle accouche et meurt quatre jours plus tard, après avoir envoyé sa traduction de Newton à l'Académie du roi.

Un modèle universel pour le féminisme*

Son rationalisme* devrait être mis davantage en avant que sa vie privée, ses aventures amoureuses notamment. Son indépendance et son goût pour la connaissance comptent infiniment plus que le reste pour comprendre son génie. Mère indifférente au devenir de ses trois enfants, elle prouve que l'instinct maternel est une invention pour garder les femmes prisonnières d'un rôle social constitué d'obligations prétendument « naturelles ». Comme de nombreux hommes philosophes, elle préfère se passionner pour son œuvre. Elle suit de près les expéditions scientifiques, comme celle de Maupertuis partie en 1737 en Laponie mesurer l'arc de méridien sous le cercle polaire… Une telle indépendance se paye au prix de préjugés, mais manifeste la liberté propre à ceux qui, comme elle, constituent encore des modèles universels*.

Femme d'exception, Émilie du Châtelet (1706-1749) incarne l'esprit des Lumières par son indépendance, sa passion du savoir scientifique et son goût du bonheur. Philosophe rationaliste, elle reste aujourd'hui un modèle de liberté.

Les dames des Lumières

Une femme-Lumière à l'échafaud

Authentique « âme » des Girondins durant la Révolution, Madame Roland est arrêtée le 31 mai avant le décret contre les Girondins ! Son procès ? Une accusation partiale et à sens unique. À son exécution, le 8 novembre 1793, elle s'écrie devant la foule : « *Ô liberté, que de crimes on commet en ton nom !* »

L'athée, un insensible

« L'athée n'est point à mes yeux un faux esprit ; je puis vivre avec lui aussi bien et mieux qu'avec le dévot, car il raisonne davantage ; mais il lui manque un sens [...], il est froid au spectacle le plus ravissant et il cherche un syllogisme lorsque je rends une action de grâce. »
Madame Roland, *Mémoires*, 1793.

Que de richesses dans ces personnages historiques aussi divers ! Les dames des Lumières jouent un rôle prépondérant, et pas toujours reconnu.

Un pessimisme célèbre : Madame du Deffand

Madame du Deffand (1697-1780) naît sous Louis XIV, puis connaît la Régence (1715-1723) et ses fastes, période qui favorise son entrée dans le « grand monde ». Elle possède l'art de la repartie, de la haine brillante. Elle fait de son salon du couvent Saint-Joseph le lieu où il faut être. Ses correspondances avec Voltaire, Montesquieu, d'Alembert la rendent célèbre, par leur style à la fois drôle et méchant, et en cela très « moderne ». Mais cela cache un pessimisme profond, une conscience douloureuse de l'existence. « *Toutes mes observations me font juger que moins on pense, moins on réfléchit, plus on est heureux* », écrit-elle à Voltaire (lettre du 29 mai 1764). Elle est sceptique* sur la nature humaine : « *On désire trouver en eux du bon sens, de la justice, de la bienveillance, de la franchise, et on ne trouve que tous les défauts et les vices contraires* » (*ibidem*). Devenue aveugle, elle tombe amoureuse à 70 ans de l'écrivain anglais Horace Walpole. S'ajoute à son pessimisme et à ses confidences lucides un amour contenu.

Madame Roland

Jeanne Marie, ou Manon Philippon, fille d'un maître graveur, naît à Paris en 1754. Elle connaît un destin exceptionnel pour une jeune fille de la petite bourgeoisie. Elle se passionne pour la lecture des plus grands, lit Plutarque à 8 ans et plus tard Rousseau. Mariée en 1780, elle défend la république, devient l'inspiratrice des Girondins, côtoie dans son salon Robespierre, Brissot... Elle attaque Danton et les Montagnards. Contrairement

Réunion littéraire du XVIIIe siècle, gravure de Maurice Leloir, vers 1885. Les salons tenus par les femmes contribuent à l'effervescence intellectuelle des Lumières.

à l'homme qu'elle aime, le Girondin François Buzot, et à son mari, elle ne fuit pas quand on vient l'arrêter. C'est en prison qu'elle écrit ses *Mémoires* et son « Appel à l'impartiale postérité », un témoignage de sa liberté conquise au contact des sciences et de la philosophie. Sa foi vacille, mais l'athéisme* lui semble insuffisant : « *Au milieu de la campagne et dans la contemplation de la nature, mon cœur ému s'élève au principe qui les anime, à l'intelligence qui les ordonne, à la bonté qui m'y fait trouver tant de charmes* » (*Mémoires*, 2e partie, 1793). Elle meurt guillotinée le 8 novembre 1793.

D'autres grands noms... d'inconnues !

Marie Geneviève Charlotte Darlus (1720-1805), devenue Madame d'Arconville, présidente du Parlement de Paris, voue sa vie au savoir. Marquée par la petite vérole, elle se consacre à la science et aux lettres. Elle côtoie notamment Turgot, Voltaire, Malesherbes. Sa liberté de femme de science est restreinte dans les faits, puisqu'elle écrit anonymement. Traductrice, romancière (*L'Amour éprouvé par la mort*, 1763), essayiste (*De l'amitié*, 1761 ; *Traité des passions*, 1764 ; *Mélanges de littérature, de morale et de physique*, 1775). Nicole Reine Lepaute (1723-1788) est l'assistante de l'astronome Jérôme Lalande (1732-1807) et du mathématicien Alexis Clairaut (1713-1765) qui ont calculé le retour de la comète de Halley en 1759. Clairaut publie son *Traité des comètes* en 1760 en oubliant de remercier Nicole Reine Lepaute... pour ne pas fâcher sa petite amie ! Finalement élue à l'Académie de Béziers elle a contribué à l'astronomie* de son temps.

Certaines femmes des Lumières sont très engagées politiquement, comme Madame Roland. D'autres, comme Madame du Deffand, développent une lucidité quasi existentielle*, ou encore jouent un rôle actif et méconnu dans les sciences.

Féminismes et rationalisme

Le rationalisme moderne aurait dû produire davantage d'égalité homme-femme. Dans les faits, ce fut le contraire, comme durant le virage jacobin de la Révolution.

Un combat difficile !

Quand on guillotine les féministes...

Quand la Révolution devient jacobine, produit la Terreur*, les droits des femmes sont moins prioritaires... Olympe de Gouges est guillotinée pour avoir défendu le droit d'expression ! Cette « tricoteuse » (surnom donné aux exclues par les « républicains ») est libre, donc dangereuse.

Le rationalisme* des Lumières repose théoriquement sur la faculté reconnue à tous, hommes et femmes, de penser, d'agir, de vivre en se guidant selon la raison*. Mais les hommes ont poursuivi le partage du pouvoir et la division du travail en dépit de leur croyance humaniste en un Sujet universel. Les femmes glorifiées sont des saintes (sainte Hildegarde de Bingen, sainte Thérèse d'Ávila), la chasteté étant entre autres un moyen de se soustraire à la domination masculine... comme de la prolonger. Le combat est loin d'être gagné. Boileau écrit une *Satire contre les femmes* (1694), à laquelle répond Perrault par l'*Apologie des femmes* en 1694. François Poullain de la Barre publie de 1673 à 1675 trois ouvrages défendant l'égalité des sexes. Madame Leprince de Beaumont (1711-1780), moraliste, invente le « magazine féminin » (*Le Magasin des enfants*, qui comprend *La Belle et la Bête*, 1757). À la fin du XVIIe et au début du XVIIIe siècle, le « féminisme »* comme tel n'existe pas encore. La liberté des femmes se concrétise surtout dans les salons littéraires et scientifiques.

Une Révolution... pour les hommes

En 1789, la Constituante n'aborde même pas la question du droit de vote des femmes ! Les arguments sont toujours ceux d'aujourd'hui : les femmes seraient plus sensibles, plus intuitives, et donc plus proches de la nature. Avec ce cadeau empoisonné, on trouve de quoi asseoir le pouvoir masculin, le justifier par la « nature », qui, soit dit en passant, ne dit jamais rien par elle-même... Dans *La Religieuse* (publiée en 1796), Diderot (1713-1784) critique l'enfermement monacal des religieuses. Les révolutionnaires n'accordent pas les mêmes droits aux « tricoteuses » qui, comme Olympe de Gouges (1748-1793), revendiquent l'égalité des droits homme-femme. Parallèlement aux Jacobins*, les clubs jouent leur rôle, comme la Société patriotique et de bienfaisance fondée par Etta Palm d'Adlaers. Certes, la Constituante de 1789 reconnaît aux femmes des droits civiques et la Constitution de 1791 la liberté d'épouser qui elles veulent, mais la Convention de 1793 leur interdit clubs et réunions, prise de parole à la tribune... Contrairement à un mythe, l'égalité homme-femme n'est pas une revendication d'esprits éclairés par la Révolution*, celle-ci a sur certains points fait régresser le droit des femmes.

Condorcet féministe

« Je crois que la loi ne devrait exclure les femmes d'aucune place [...]. Songez qu'il s'agit des droits de la moitié du genre humain. »
Condorcet, *De l'admission des femmes au droit de cité*, 1790.

Contradiction théorie-pratique ?

Théoriquement, le rationalisme neutralise les différences. Le positionnement d'une *raison universelle abstraite* situe l'essence* de l'humanité dans la faculté de penser, *au-delà* des différences de fait, secondaires, comme la force ou le genre physique. Une telle définition *devrait* protéger et développer une plus grande égalité. Dans les faits, la Révolution exclut du suffrage « universel » les fous, les domestiques et les femmes ! Rares sont les philosophes à cette époque, comme de nos jours, qui considèrent que cette cause équivaut à la recherche de toutes les autres vérités. Foncièrement androcentrique*, la société française, malgré les philosophes des Lumières, est bien loin de réaliser dans la Révolution et sa « république », les idéaux d'égalité et de liberté... pour tous.

Loin de constituer un idéal partagé par tous, la reconnaissance du droit des femmes, de leur liberté et de l'égalité n'est pas soutenue par ceux qui, héritiers de Descartes, vont pourtant faire la Révolution.

Le conflit Voltaire-Rousseau

Les Lumières ne constituent pas un mouvement unifié et exempt de conflits comme en témoigne l'opposition célèbre entre Voltaire et Rousseau.

Voltaire l'engagé

Voltaire et Rousseau rejettent l'esclavage

Voltaire critique les horreurs de l'esclavage dans *Candide* (1759). Rousseau rejette la servitude, même volontaire ; la liberté humaine est inaliénable :
« Ces mots, esclavage et droit, sont contradictoires. »
***Le contrat social*, 1762.**

François Marie Arouet (1694-1778), « Voltaire », excelle dans tous les genres (théâtre, poésie, pamphlet). Il soutient la relativité des opinions religieuses (*Zaïre*, 1732), vulgarise la science (*Éléments de la physique de Newton*, 1738), se fait historien et romancier (*Zadig ou la Destinée*, 1748). Lucide et provocateur, l'écrivain est à la fois croyant (déiste*) et ennemi des fanatismes et des superstitions. Il combat l'optimisme dans *Candide* (1759), soutient l'*Encyclopédie*. Il préfigure « l'intellectuel » moderne défenseur de la justice, comme lorsqu'il dénonce l'effroyable condamnation au supplice de la roue de Jean Calas, arrêté sans preuve pour le meurtre de son fils. Son *Dictionnaire philosophique* (1764) synthétise des connaissances, mais diffuse aussi des idées de liberté et de relativité. Il se moque des censures dans ses pamphlets contre l'État intolérant. À la fois censuré et admiré, l'écrivain incarne, par l'écriture, l'esprit de révolte et de résistance propre aux Lumières.

Rousseau le fondateur

Opposé en bien des points à Voltaire, Jean-Jacques Rousseau (1712-1778) collabore aussi à l'*Encyclopédie*. Il conçoit « l'état de nature », une hypothèse lui permettant de montrer, dans son *Discours sur l'origine et les fondements de l'inégalité parmi les hommes* (1755), que les inégalités sont le produit artificiel de la société. Dans

Le Contrat social (1762), il fonde la légitimité du pouvoir sur le Peuple. « L'intérêt général » dépassant la somme des intérêts particuliers et égoïstes, l'État transcende les différences et assure ainsi la liberté, l'égalité, fût-ce au prix de la violence. Dans *Émile ou de l'Éducation* (1762), Rousseau défend l'idée d'une nature bonne de l'enfant, qu'il faut respecter comme telle. Il invente l'autobiographie dans ses *Confessions* (rédigées entre 1765 et 1770). Il se justifie là contre Voltaire qui l'accuse d'avoir abandonné ses enfants, mais défend aussi son œuvre philosophique, le *Contrat* et *Émile* contre ses détracteurs.

Tout les oppose, et pourtant...

Voltaire est frondeur, provocateur mais soucieux de plaire. Cet écrivain polyvalent déteste l'enfermement de la pensée dans des « systèmes » et défend la liberté d'expression, ainsi qu'un certain relativisme*. Rousseau se croit, lui, toujours persécuté. Il cherche à fonder, non à se moquer dans des pamphlets, et ce malgré ses tourments – comme son amour non partagé pour Sophie d'Houdetot qui va lui inspirer *Julie ou la Nouvelle Héloïse*. La nature lui sert de refuge, mais il aboutit à une théorie fondamentale du lien social et politique (*Le contrat social*). Incapable d'être père, il fonde pourtant l'éducation moderne et le respect de l'enfance. Ces deux visages des Lumières, si opposés de caractère, constituent bien les références premières de la liberté.

Les Lumières contre la torture

« Le grave magistrat qui a acheté [...] le droit de faire des expériences sur son prochain, va conter à dîner à sa femme ce qui s'est passé le matin. La première fois, madame en a été révoltée, la seconde elle y a pris goût [...] : "Mon petit cœur, n'avez-vous fait aujourd'hui donner la question à personne ?" » Voltaire, *Dictionnaire philosophique*, 1764. (La « question » était la torture infligée pour découvrir la vérité.)

Que de différences entre l'œuvre des deux philosophes ! La créativité provocatrice du côté de Voltaire, l'exigence de concevoir des systèmes politiques et éducatifs nouveaux du côté de Rousseau.

La théorie politique de Rousseau

Rousseau a contribué à fonder la république contemporaine en rendant compatibles la liberté et l'obéissance. La loi, expression de la volonté générale, dépasse tous les intérêts particuliers.

L'état de nature : une hypothèse de la raison

Dans son *Discours sur l'origine et les fondements de l'inégalité parmi les hommes* (1755), Rousseau (1712-1778) émet l'hypothèse d'un « état de nature », dans un but purement méthodologique. Il ne s'agit pas de décrire ce qui s'est effectivement passé aux origines de l'humanité. Pour lui, cet état n'a jamais réellement existé : « [...] *Il faut nier que, même avant le déluge, les hommes se soient jamais trouvés dans le pur état de nature* [...] » Or, cet homme conçu par la raison* ne vit que par et pour lui-même, certes sans progrès ni histoire, mais rien n'indique dans sa nature une quelconque prédisposition à la violence. C'est plutôt la liberté qui le caractérise. L'animal agit toujours par instinct, mais, sur le plan de l'intelligence, il n'y a qu'une différence de degré entre l'animal et l'homme. C'est dans la conscience de la liberté, pouvoir « *d'acquiescer ou de résister* », que résident la plus grande différence et la grandeur de l'âme humaine. Rousseau dévoile aussi la vraie nature de la pitié : un sentiment instinctif, la seule « vertu naturelle »

Contrat social et Terreur

Dans *Le Contrat social*, Rousseau tire logiquement les conséquences de sa découverte : « *Quiconque refusera d'obéir à la volonté générale y sera contraint par tout le corps, ce qui ne signifie autre chose sinon qu'on le forcera d'être libre.* » Le fondement de la Terreur, réaliser la liberté à tout prix, se trouve aussi dans ces lignes...

dont même le pire des cyniques réduisant tout à son intérêt ne peut nier l'existence.

Le droit du plus fort : une illusion

« Le plus fort n'est jamais assez fort pour être toujours le maître s'il ne transforme sa force en droit et l'obéissance en devoir [...] » (Rousseau, *Le Contrat social*, 1762). Pour Rousseau, ce qui s'impose par la force exclue tout droit et tout devoir. D'où l'absurdité de revendiquer le droit du plus fort.

La perfectibilité et la liberté humaine

C'est parce que l'homme est perfectible que l'on peut espérer de lui un progrès, aussi bien dans son éducation personnelle que sur le plan politique. La *perfectibilité* n'est donc pas une qualité secondaire mais une véritable condition de l'Histoire. Le langage, acquis et conventionnel, concrétise cette perfectibilité. Dans le *Discours sur l'origine de l'inégalité*, le philosophe décrit l'évolution naturelle qui a conduit à la « propriété », à l'origine de bien des violences. Rousseau découvre que le prétendu « droit du plus fort » est un mensonge, une imposture. Il soutient que nul ne doit renoncer à la liberté fondamentale qui fait de lui un être humain.

Un chef-d'œuvre de philosophie politique

Véritable produit politique des Lumières, *Le Contrat social* (1762) ne repose ni sur la force, ni sur le renoncement à la liberté. Il met en évidence la nécessité d'un pacte qui lie positivement les libertés individuelles se réalisant ensemble par leur soumission à une même loi. La conservation de soi et la pitié, les deux principes qui dirigent l'homme à l'état naturel, sont ici dépassées par le droit qui fixe les limites de l'exercice de la liberté. Mais comme les lois expriment la volonté générale et l'intérêt du peuple, la soumission à celles-ci s'avère, en fin de compte, la seule liberté possible à l'échelle sociale. La république trouve ici son fondement. Le peuple souverain fait les lois, son pouvoir est absolu, indivisible et inaliénable ; c'est en obéissant à tous que chacun se protège de l'arbitraire (obéir à un seul). La loi rend libre, gouvernement (appliquant les lois) et législateur (rédigeant les textes de loi) rendent possible le fonctionnement de la république.

Le Contrat social (1762) constitue le fondement philosophique de la république moderne. Rousseau (1712-1778) définit précisément la liberté politique comme soumission à la volonté générale.

Kant, le « monument » philosophique

Le philosophe Kant réalise l'ambition des Lumières : définir les limites de la raison humaine et faire de celle-ci la faculté devant diriger le savoir et l'action.

Sapere aude !

Emmanuel Kant (1724-1804) est l'incarnation du philosophe des Lumières. Enseignant (notamment en… géographie !), il accomplit une œuvre immense, touchant tous les domaines du savoir (sciences, morale, histoire, art, politique…). En analysant les conditions et les limites de la connaissance, de la morale, il réalise une véritable révolution* philosophique, appelée « révolution copernicienne », capitale dans l'idéal des Lumières (*Critique de la raison pure*, 1781). L'homme ne peut pas tout connaître du monde, mais il a le pouvoir de déterminer en lui la loi morale, et hors de lui les lois de la nature. Kant revendique particulièrement le droit de se servir de la raison* comme condition de l'autonomie et du passage de l'enfance à l'âge adulte : « *Sapere aude !* » (Ose te servir de ton entendement !). Il est facile, tentant de se laisser diriger par une autorité extérieure, par des préjugés, ou par l'habitude. L'homme devient adulte lorsqu'il se sert de sa raison pour connaître et se guider dans la vie. Mais la responsabilité implique de s'assumer comme sujet libre. Certains préféreront toujours la minorité, autrement dit ne pas penser par eux-mêmes.

Kant admiratif…

***« Deux choses remplissent mon âme d'une admiration et d'un respect qui toujours se renouvellent et grandissent, la pensée s'y applique et les approfondit : le ciel étoilé au-dessus de ma tête et la loi morale au fond de mon cœur. »* Kant, *Critique de la raison pratique*, 1788.**

Humanisme et rationalité

L'humanisme apparaît à la Renaissance, une époque où l'on redécouvre avec enthousiasme l'Antiquité à la faveur du rationalisme*. Les humanistes parient sur cette faculté universelle*, la raison. Celle-ci permettrait de dépasser toutes les différences et de s'accorder sur les valeurs essentielles. À la base, l'humanisme ne contredit pas la religion comme telle mais tente de débarrasser l'homme des superstitions. Mais l'autonomie de la raison, gagnée grâce aux Lumières sur l'autorité de l'Église, finit par entamer le pouvoir de celle-ci et sa prétention à détenir la vérité sur tout. Kant analyse toutes les productions humaines, les pouvoirs de la raison, et définit l'autonomie comme vraie liberté et condition de la moralité. En même temps, il conçoit une philosophie de l'Histoire, un ordre social, juridique produit par le développement des égoïsmes particuliers. Hegel (1770-1831) poursuivra cette idée en la systématisant à toute l'histoire humaine (*Phénoménologie de l'esprit*, 1807).

L'autonomie ? une stricte liberté...

L'impératif catégorique de Kant définit le principe que chacun est capable de s'imposer. *« Agis comme si la maxime de ton action devait avoir une portée universelle. »* L'homme devient ainsi moralement autonome, et donc libre, capable d'agir par devoir.

Qu'est-ce que l'homme ?

« Que puis-je savoir ? », « Que dois-je faire ? », « Que m'est-il permis d'espérer ? » L'œuvre du philosophe traite ces questions fondamentales. Tout homme se définit par ces facultés : connaître, agir, espérer. Si l'on pouvait, ajoute Kant, répondre à ces trois questions, on répondrait du même coup à la question « qu'est-ce que l'homme ? » C'est le but de l'anthropologie, cette partie de la philosophie qui établit des connaissances sur l'humanité soit en abordant, de front, les questions les plus difficiles et essentielles (« qu'est-ce que l'humain ? »), soit en décrivant scientifiquement les phénomènes propres aux hommes. Kant considère le projet d'éducation de l'homme à partir d'une conception humaniste. Un objet a un prix, sa valeur est relative à son usage ; un être humain a une dignité, sa valeur est absolue et ne dépend de rien d'autre que de l'essence* même de l'homme. Respecter l'autre, c'est l'appréhender comme fin en soi, non comme moyen. La philosophie des Lumières trouve là sa théorie morale ayant une portée universelle.

Kant (1724-1804) établit les conditions de la morale, de la science, de l'art. Sa philosophie universaliste pose les principes de l'humanisme : respect, raison et responsabilité.

Et la liberté de la presse ?

Bien que le XVIIIe soit le siècle d'une grande revendication pour la raison* et la liberté, la presse se développe en marge de ce courant de pensée.

Un certain Grimm et la presse

L'*Encyclopédie* s'est fait connaître en Europe par Friedrich Melchior Grimm (1723-1807), pas le conteur mais un diplomate et homme de lettres bavarois. Il rédige sa *Correspondance littéraire* de 1753 à 1773 dans le but de faire connaître aux princes d'Europe l'actualité littéraire et le fabuleux projet des philosophes français.

Quand le journaliste a mauvaise presse…

Le journaliste du XVIIIe siècle est loin d'être valorisé comme il l'est aujourd'hui. On le considère le plus souvent comme un écrivain raté. Les journaux sont perçus par les philosophes comme de la sous-littérature, mal écrite car trop vite faite, toujours prête à satisfaire les plus paresseux. « *Il y a une espèce de livres que nous ne connaissons pas en Perse, et qui me paraissent ici fort à la mode : ce sont les journaux. La paresse se sent flattée en les lisant. On est ravi de pouvoir parcourir trente volumes en un quart d'heure* », assène Montesquieu dans ses *Lettres persanes* (1721). Voltaire y voit même un « *fléau de société* » et un « *brigandage* » ! Cependant, tout en l'interprétant comme un piège pour ignorants, les encyclopédistes vont définir positivement sa fonction : présenter des synthèses du savoir sous toutes ses formes (sciences, extraits littéraires). Il reste que les philosophes se méfient comme de la peste de ce qui prétend être purement et simplement une presse… d'information.

Un essor très encadré

Existant depuis le XVIIe siècle, les journaux qui ont le droit d'évoquer les problèmes de société et le fonctionnement du pouvoir (ce que l'on nommerait aujourd'hui la presse politique), sont « officiels ». *La Gazette de France* (1762), par exemple, est annexée au ministère des Affaires étrangères, ne sélectionnant ses informations que sur ce qui intéresse la cour. *Le Journal des Savants* (1665) fait état (et l'éloge) de toutes les créations littéraires, des découvertes scientifiques dans leur ensemble. *Le Mercure de France* évoque la culture tout en s'intéressant aux questions scientifiques et philosophiques. Il est, prudemment, favorable à l'esprit des Lumières, sans partager sa critique de la religion. Non « officiel », *Le Nouvelliste du Parnasse* (de l'abbé Desfontaines) complète le tableau. Certains journaux rejettent la philosophie des Lumières. Le père Berthier, rédacteur du *Journal de Trévoux*, à la tête d'un groupe de jésuites, déteste les philosophes et notamment Voltaire. De 1745 à 1752, son journal concentre toute sa haine sur l'*Encyclopédie*. *L'Année littéraire* (d'Élie Fréron), de 1754 à 1776, s'acharne dans le même sens, jusqu'à la censure du garde des Sceaux, puis le virage prorévolutionnaire* pris par… le fils de Fréron. Les philosophes voient surtout dans la presse un outil de désinformation.

Qu'il est difficile d'être un journaliste libre !

« Les sottises imprimées n'ont d'importance qu'aux lieux où l'on en gêne le cours : que sans liberté de blâmer, il n'est point d'éloge flatteur ; et qu'il n'y a que les petits hommes qui redoutent les petits écrits. »

Beaumarchais,
***Le Mariage de Figaro*, 1778.**

Les progrès techniques

L'élément déclencheur du développement de la presse n'est pas idéologique mais plutôt technique. On pourrait penser que le siècle des Lumières a naturellement produit ou favorisé l'extension de la liberté critique, et donc de la presse, pour des questions de principe. Mais ce serait faire preuve d'idéalisme. François Amboise Didot (1730-1804) améliore la fabrication matérielle de la presse en uniformisant les lettres imprimées (les « caractères »). L'Anglais Charles Stanhope (1753-1816) invente en 1807 une machine à imprimer en fonte et en acier. Ces facteurs sont tout aussi déterminants que le désir d'information et la liberté de pensée. Le commerce de l'information témoigne cependant d'une curiosité naissante du public pour la politique, d'où l'apparition, sans cesse contrôlée par l'État, des « cabinets de lecture ».

La presse n'est (curieusement) pas très bien vue durant ce siècle des Lumières. Beaucoup de philosophes la perçoivent comme une lecture facile.

Illustration du roman *Paul et Virginie*, de l'écrivain français Henri Bernardin de Saint-Pierre (1737-1814). Hommage à la nature, l'œuvre annonce le romantisme.

Une littérature nouvelle

Marivaux décrit les contradictions troublantes des sentiments, Prévost oppose l'amour à la religion, Bernardin de Saint-Pierre s'invente une nature qui sauve de l'humanité.

Marivaux

Pierre Carlet, dit « Marivaux » (1688-1763), prend parti pour la modernité. Dans le théâtre, l'auteur de *La Double Inconstance* (1723) reprend un schéma classique : un amour naissant contrarié par un prince. Mais s'ensuit un chassé-croisé original et troublant. *La Colonie* (1729) montre la révolte des femmes contre l'ordre et le pouvoir masculins. La colonie des révoltées découvre la lutte des classes et finit par partager le pouvoir avec les hommes. Dans *Le Jeu de l'amour et du hasard* (1730), Silvia se déguise en soubrette pour découvrir le prétendant qui lui est destiné… et qui aura la même idée qu'elle ! Le roman *La Vie de Marianne* (paru de 1731 à 1741), autobiographie imaginaire, est un voyage initiatique à la fois critique et moralisateur envers les ordres qui composent la société (le peuple, la noblesse, le clergé), que la jeune narratrice doit affronter. Moraliste lucide sur la nature complexe et contradictoire des sentiments, Marivaux fait tomber le masque de l'hypocrisie en rêvant de sincérité. C'est l'un des aspects des Lumières.

Le poète à l'abri

« Il faut, pour jouir du mauvais temps, que notre âme voyage, et que notre corps se repose. »
Bernardin de Saint-Pierre, *Études de la nature*, 1784.

L'abbé Prévost

Quelle vie tumultueuse que celle d'Antoine François Prévost (1697-1763), partagé entre une foi sincère et la passion amoureuse ! Tour à tour jésuite, militaire, bénédictin, réfugié en Hollande puis en Angleterre, il n'échappe ni à l'amour… ni à la prison. Son *Histoire du chevalier des Grieux et de Manon Lescaut* (1731) raconte le drame d'un amour fou contraint à la déchéance par une société (la Régence, 1715-1723) où règnent l'argent et la corruption. L'abbé Prévost a par ailleurs écrit le plus grand succès de librairie du XVIIIe siècle : *L'Histoire de M. Cleveland*, en huit tomes, est celle d'un esprit en quête de vérité, en politique et en religion. Tendance forte dans ses romans : la passion amoureuse opposée à une morale chrétienne, masque hypocrite d'une société corrompue. Ce décalage se retrouve dans le style et l'analyse des caractères. Les Lumières sont aussi littéraires : une exploration profonde, subjective et critique de la société.

L'invention du best-seller

Paul et Virginie **remporte un succès foudroyant : l'œuvre est adaptée au théâtre ; les femmes se coiffent comme Virginie !** ***L'Histoire de M. Cleveland,*** **de l'abbé Prévost, dépasse tous les autres romans de son siècle par son importance éditoriale.**

Les paysages de Bernardin de Saint-Pierre

Bernardin de Saint-Pierre (1737-1814) mène une vie de voyages (Martinique, Malte, Finlande, Pologne, « île de France » Maurice…) et de querelles. Ami de Rousseau, il met son génie au service de l'amour de la nature. Ingénieur sans diplôme, il erre une douzaine d'années (1759-1771), puis écrit ses *Études de la nature* (1784). Dans cet ouvrage, à l'opposé des scientifiques, il soutient une théorie de la nature aussi profonde que fantasque. Tout dans l'univers serait harmonie, beauté, et prouverait le dessein de Dieu, de la Providence, comme si la nature était faite pour le bonheur de l'homme. Bernardin de Saint-Pierre possède un art de la description extraordinaire qu'il prolonge dans *Paul et Virginie* (1788). Dans ce roman, deux enfants élevés dans l'« île de France » grandissent en s'aimant. Virginie doit se rendre à Paris, mais son retour vers Paul lui sera fatal. Le *Saint-Guéran* fait naufrage et Paul ne survivra pas à son chagrin. Le bonheur humain est précaire, précieux, et réside entièrement dans la vertu et la contemplation de la nature. Dans cette oeuvre préromantique*, l'écrivain prend le parti de la sensibilité alliée à sa conception de la Nature.

La littérature du XVIIIe siècle prend des visages différents : la psychologie contradictoire des passions humaines (Marivaux), la passion face à l'hypocrisie sociale (Prévost) et la beauté de la nature qui console du malheur (Bernardin de Saint-Pierre).

Les Lumières et leur part d'ombre : le fantastique, le diable…

Le pouvoir de la raison déplaît à certains écrivains qui, de Cazotte à Saint-Martin, évoquent des figures diaboliques et des puissances cachées, seules capables de sauver l'homme… de la philosophie !

Saint-Martin l'antiphilosophe

Louis Claude de Saint-Martin (1743-1803), avocat puis militaire plongé dans l'ésotérisme (membre de la secte des Élus Cohen) tente de réfuter la philosophie de Diderot en 1755 en écrivant *Des erreurs et de la vérité*. Il revendique un spiritualisme* contre le matérialisme* qu'il confond avec le mouvement des Lumières. *L'Homme de désir* (1790) est un essai où il renie le monde physique et où s'exprime tout son amour de Dieu. Rejetant violemment la science, la philosophie et la raison*, « *ce funeste instrument dont nous abusons* », cet écrivain conteste ainsi le projet même des Lumières. Pourtant, les contestations d'un mouvement participent à sa formation : le rationalisme* des Lumières va ainsi se heurter à des courants comme l'illuminisme et le martinisme. Saint-Martin fustige la philosophie (qu'il juge trop rationnelle) et revendique la vérité révélée contre les vérités de la raison, comme si les deux ne pouvaient coexister !

Le diable amoureux !

Jacques Cazotte (1719-1792) se moque des philosophes, qu'il ridiculise sous le nom de « camayeuls ». Membre des martinistes, il écrit en 1772 *Le Diable amoureux*, dans lequel il raconte l'apparition surnaturelle, effrayante, d'une tête

Contre les Lumières

« Pour vous fortifier, lisez les Saintes Écritures, seul contre-poison de toutes les rêveries philosophiques par lesquelles nous avons été égarés. » **Cazotte, Lettre à Pouteau du 22 juillet 1792.**

de chameau métamorphosée en femme superbe et séductrice, Biondetta. Le jeune aristocrate dom Alvare tombe amoureux de la superbe Biondetta qui lui promet des secrets fantastiques. Il l'entraîne en Espagne pour la présenter à sa mère, souhaite l'épouser, mais elle se transforme à nouveau en horrible créature ! Cazotte refuse l'esprit des Lumières, incarné ici par Biondetta, le diable. La nouvelle inaugure le fantastique, un genre mêlant habilement l'irrationnel et le crédible pour nous laisser dans un délicieux état d'incertitude. Philosophiquement, l'auteur veut donner ici une leçon aux rationalistes : la réalité n'est pas entièrement explicable par la raison ; la sexualité et la connaissance (ici, Biondetta, le diable) sont des dangers. C'est ce qu'il faut retenir de cette aventure où le mal et la tentation ont des visages angoissants.

Martinisme et illuminisme

Martines de Pasqually fonde l'ordre des « Élus Cohen » et plus globalement le martinisme de 1754 à 1774, pratiquant la magie, prêchant le salut de l'homme par la prière. L'illuminisme rejette, quant à lui, la raison et recourt à la magie pour découvrir des vérités cachées de l'âme humaine.

Les visages du diable…

Du *Diable boiteux* de Lesage (1702) au *Moine* (1796) de Lewis, le diable apparaît tour à tour sous des formes effrayantes et séduisantes, angéliques parfois… Causant la perte des hommes par sa beauté tentatrice (comme Biondetta), il est aussi ce qui représente le pouvoir de l'extraordinaire, l'existence du surnaturel au-delà des limites de la raison, des Lumières. Ces dernières paraissent d'ailleurs bien pâles à côté de ces autres lumières mystérieuses, fascinantes, venues des ténèbres ! Contestation de la raison, de la société, preuve de la limite de l'homme face à la nature : la figure du diable incarne tout cela à la fois, à la marge des Lumières, mais, dans son effort de réfutation, dépend entièrement de ce que cette philosophie affirme positivement. Paradoxalement, le XVIIIe est un siècle où l'on affirme en même temps le pouvoir de la raison *et* la figure de sa négation.

Face à la philosophie des Lumières, tout un courant irrationaliste se développe, une littérature ésotérique où s'affirment, dans une beauté effrayante, les différentes figures du diable.

Un projet extraordinaire

Universel comme la raison humaine, le projet de l'*Encyclopédie* vise toute l'étendue des connaissances, de la botanique à la poésie, en passant par la chimie et la peinture.

Un projet universel

Parti du *Dictionnaire universel des arts et des sciences* de l'Anglais Ephraïm Chambers traduit par Diderot en 1747, le projet se transforme. Aidé par d'Alembert, Diderot vise, ni plus ni moins, à dresser un « *tableau général des efforts de l'esprit humain dans tous les domaines et dans tous les siècles* » (Prospectus de l'*Encyclopédie*, 1750). Quel projet gigantesque, extraordinaire ! Le *Dictionnaire raisonné des sciences, des arts et des métiers* voit progressivement le jour. Il s'agit de synthétiser l'ensemble du savoir, de « *tout examiner* ». Mettre les connaissances à la disposition de tous suppose précisément une certaine conception de la raison*, comme faculté universelle*. C'est parce que tout le monde possède cette faculté que le projet encyclopédique est possible. La raison est présentée à partir de ses applications. L'esprit philosophique s'ouvre ainsi sur les techniques, les métiers manuels étant valorisés, réhabilités en ce qu'ils témoignent du progrès de l'humanité. « *On s'est donné la peine d'aller dans leurs ateliers, de les interroger, d'écrire sous leur dictée, de développer leur pensée, d'en tirer les termes propres à leur profession* » (d'Alembert). Une leçon, à la fois pour les « techniciens » et les « intellectuels » d'aujourd'hui.

La définition de « l'honnête homme »

« Les sentiments de probité entrent autant dans la constitution mécanique du philosophe que les lumières de l'esprit. Plus vous trouverez de raison dans un homme, plus vous trouverez en lui de probité... »
Dumarsais, *Encyclopédie*, article « Philosophe ».

Le fond et la forme

Le premier volume paraît en 1751. Un volume par an, puis des volumes de planches où tout s'y trouve : des inventions, des recherches dans les arts et les lettres. Les encyclopédistes présentent le savoir sous forme d'articles précis, éclairés, et ne faisant appel à rien d'autre qu'à la raison. Chimie, géologie, philosophie, arts… Les planches présentent avec une fidélité saisissante les plantes, les machines industrielles, les corps. Chirurgiens, poètes, chimistes, économistes collaborent dans un esprit enthousiaste. Mille ouvriers y travaillent jusqu'en 1772. L'entreprise est accessible à la bourgeoisie et à l'aristocratie éclairée (par des souscriptions) mais nécessite cependant le « privilège royal » (autorisation d'imprimer). Existe aussi la censure exercée par la Librairie royale.

Philosophie et *Encyclopédie*

Il ne suffit pas d'être savant pour être philosophe, mais l'ignorance rend impossible toute philosophie. L'*Encyclopédie* illustre, concrétise la philosophie des Lumières fondée sur une conception universelle de la faculté de juger. Fait remarquable : elle contient, formellement, la définition même de la philosophie ! Le philosophe de l'*Encyclopédie* n'est pas un sage retiré du monde, mais un homme actif, pragmatique et rationnel*. « *La raison est à l'égard du philosophe ce que la grâce est à l'égard du chrétien. La grâce détermine le chrétien à agir ; la raison détermine le philosophe.* » Modéré par un usage habituel du raisonnement, le philosophe est sociable, ouvert sur les autres et sur le monde. Sa soif de connaissances est équilibrée par un partage entre méditation et action. Éloigné de toute superstition, et, bien sûr, de tout fanatisme, il étudie et échange, réalisant un certain idéal d'humanité.

La censure, encore et toujours !

1750, *De l'Esprit des lois* de Montesquieu est visé, puis l'*Encyclopédie* en 1752 et 1759. Le *Dictionnaire philosophique* de Voltaire est brûlé, Diderot est emprisonné en 1749. Les philosophes des Lumières se heurtent à la violence de la censure et des préjugés.

L'*Encyclopédie* (1751-1772) ouvre ses articles à l'ensemble du savoir, des arts et des techniques. Contre tout fanatisme, l'esprit des Lumières présente toutes les réussites humaines.

Diderot

Diderot représente l'esprit universel au service de la raison et de la liberté des hommes. En cela, il incarne la philosophie des Lumières. Son projet réalise cet idéal.

Un penseur matérialiste

Denis Diderot (1713-1784) est élevé chez les jésuites. Passionné de théâtre, de culture et de science, il traduit Shaftesbury, un penseur anglais opposé au fanatisme. Il rédige ensuite les *Pensées philosophiques* (1746), alternance dialectique entre les thèses d'un chrétien, d'un déiste*, d'un athée* et d'un sceptique*, condamnées comme « *contraires à la religion et aux bonnes mœurs* » par le Parlement ! On l'accuse de matérialisme*. Sa *Lettre sur les aveugles à l'usage de ceux qui voient* (1749) démontre la relativité des connaissances : le savoir et la morale seraient relatifs à l'expérience sensible, et donc à l'environnement physique. L'humanité doit prendre conscience de son appartenance et de sa dépendance à l'égard d'un ordre naturel, matériel, que la raison* doit étudier. *Le Rêve de d'Alembert* (1769) expose une théorie de l'évolution matérielle, expliquant l'apparition de l'humanité par des facteurs physiques, à l'opposé de la religion et du dualisme de Descartes, pour qui esprit et matière sont deux substances distinctes. Diderot est l'héritier des matérialistes de l'Antiquité ; il conçoit la nature comme un tout uniquement déterminé par des lois accessibles à la raison. Le philosophe crée l'*Encyclopédie* en 1751, projet qui concrétise l'esprit des Lumières.

Une définition audacieuse de l'autorité

« Aucun homme n'a reçu de la nature le droit de commander aux autres. La liberté est un présent du Ciel, et chaque individu de la même espèce a le droit d'en jouir aussitôt qu'il jouit de la raison. »
***Encyclopédie*, article « Autorité politique ».**

Une révolution littéraire

Dans *Le Neveu de Rameau* (1762-1777), Diderot réplique à une comédie ridiculisant l'*Encyclopédie* (*Les Philosophes* de Palissot, 1760). Le roman met en scène le neveu d'un compositeur, personnage à la fois lucide et cynique, qui permet au philosophe de critiquer la société et d'exposer sa morale. Dans *Jacques le fataliste* (1778), Diderot réfléchit sur le déterminisme* et la liberté humaine, analyse l'écriture et le théâtre. Rien ne lui échappe : la science, la littérature, le théâtre. Il rédige, entre 1773 et 1778 (le tout publié en… 1830), le *Paradoxe sur le comédien*. Contrairement aux préjugés, encore de mise aujourd'hui, pour être crédible et provoquer l'émotion chez le spectateur, le comédien ne doit pas « vivre », « ressentir » lui-même ce qu'il joue. Il doit, au contraire, faire preuve au contraire d'un sang-froid lui permettant de se distancier et, par cette maîtrise, de disposer de son corps, de ses gestes comme d'outils efficaces. « *C'est l'extrême sensibilité qui fait les acteurs médiocres, c'est la sensibilité médiocre qui fait la multitude des mauvais acteurs ; et c'est le manque absolu de sensibilité qui prépare les acteurs sublimes.* » C'est pourtant à une énergie sauvage, à une passion libérée qu'il s'en remet pour renouveler la poésie (*De la poésie dramatique*, 1758). Lui, le philosophe rationaliste*, annonce en quelque sorte le romantisme* !

Une continuité homme-nature ?

« Tous les êtres circulent les uns dans les autres, par conséquent toutes les espèces ; [...] tout est un flux perpétuel ; [...] tout animal est plus ou moins homme ; tout minéral est plus ou moins plante ; toute plante est plus ou moins animal. »

Diderot, *Le Rêve de d'Alembert*, 1769.

L'incarnation du philosophe

Passionné par la vie, la création sous toutes ses formes, et finalement… par la raison, Diderot représente *le* philosophe accompli, défini par l'*Encyclopédie*. Il anticipe bien des découvertes contemporaines, comme celle de l'évolution, ou l'origine des névroses par l'enfermement, défendant la liberté des corps et des esprits. Combattant le fanatisme religieux, il conçoit le bonheur comme une vertu compatible avec les plaisirs qu'offre la nature.

Auteur d'une œuvre immense (théâtre, critique d'art, science, philosophie), l'auteur de l'*Encyclopédie* transforme profondément son époque. Son matérialisme, sa défense des libertés et de la raison en font *le* philosophe par définition.

D'Alembert

Philosophe déterministe et rationaliste, d'Alembert est au cœur du mouvement des Lumières et de l'*Encyclopédie*. Il y collabore notamment grâce à ses travaux mathématiques. Il est l'un des critiques les plus durs à l'égard des superstitions.

Un philosophe mathématicien

> **Sur le sort des hommes**
>
> *« L'intelligence suprême a mis au-devant de notre faible vue un voile que nous voudrions arracher en vain. C'est un triste sort pour notre curiosité et notre amour-propre, mais c'est le sort de l'humanité.* » **D'Alembert, *Essai sur les éléments de philosophie*, 1759.**

Né à Paris en 1717, Jean Le Rond d'Alembert entre à l'Académie des sciences à 23 ans. Il rédige le *Discours préliminaire de l'Encyclopédie* (1751). Son œuvre comporte de très importants travaux mathématiques et scientifiques. Son caractère distant, ses manières d'être sans doute un peu froides ne l'empêchent pas de s'imposer, mais il entrera en conflit avec Buffon et Rousseau. Résolument rationaliste*, il est l'auteur d'un mémoire sur la mécanique des fluides, un *Traité de dynamique* (1743) dans lequel il redéfinit le concept physique de force à partir du principe de « conservation de quantité de mouvement ». En 1747, il rédige un article sur les cordes vibrantes (théorie de mathématiques donnant lieu à un théorème qui porte son nom) puis des *Réflexions sur la cause générale des vents*. Il meurt en 1783.

Le rationaliste pur et dur...

D'Alembert lutte contre l'obscurantisme* et les préjugés, et incarne en cela parfaitement le philosophe des Lumières. Il aime les salons où il rencontrera notamment Madame de Lespinasse, avec qui il vivra, et Diderot qu'il accompagne dans la formidable aventure de l'*Encyclopédie*. On lui prête l'invention d'une « martingale », une méthode astucieuse, entre la stratégie et les mathématiques, pour gagner aux jeux. Miser, se retirer si l'on gagne, miser le double si l'on perd, et ainsi de suite à l'infini. Théoriquement, en jouant ainsi, on devrait finir par gagner, ce qui, dans la réalité, n'arrive bien sûr jamais ! Un exemple d'expression de l'équilibre des forces de liaison (principe physique) : « *Si l'on considère un système de points matériels liés entre eux de manière que leurs masses acquièrent des vitesses respectives différentes selon q u'elles se meuvent librement ou solidairement, les quantités de mouvement gagnées ou perdues dans le système sont égales* » (D'Alembert, *Traité de dynamique*, 1783).

Une pensée du progrès

D'Alembert est fondamentalement déterministe*, il croit que la totalité des phénomènes se produit selon des lois physiques strictes, sans aucune intervention extérieure et mystérieuse. Il défend l'existence d'un lien entre le progrès des sciences et le progrès social. Cette idée généreuse correspond bien à l'esprit des Lumières, prompt à soutenir ce que la raison* produit de meilleur. Au XIXe siècle, cette conviction donnera ce que l'on appelle le « positivisme », doctrine confondant la réalité, la vérité scientifique et la valeur. Sans doute excessive et dangereuse pour l'homme, cette doctrine sera contestée par des penseurs aussi importants que Husserl ou Bergson. Mais à l'époque de d'Alembert, cette confiance dans le progrès trouve ses sources dans ce que lui-même et ses collègues philosophes découvrent en physique et en mathématiques, et qui laisse penser que les hommes pourraient, s'ils le voulaient, utiliser la science pour le bien de tous…

L'histoire du nom « d'Alembert »…

Le philosophe est le fils naturel d'un chevalier (Destouches) et d'une Madame de Tencin, qui l'abandonne à la naissance sur les marches de l'église de Saint-Jean-Le-Rond, d'où son nom « Jean Le Rond ». Il étudie sous le nom de Daremberg, qui devient d'Alembert.

D'Alembert (1717-1783) est l'un des fondateurs de l'*Encyclopédie*. Ses travaux scientifiques l'imposent tout autant que ses prises de position résolument rationalistes. Critique sévère de la religion, il associe progrès de la science et de la société.

Le matérialisme et la religion : polémiques

Les Lumières ne vont pas affirmer l'inexistence de Dieu (beaucoup de philosophes sont croyants) mais dénoncer l'utilisation de la religion au profit d'intérêts égoïstes. Le matérialisme, issu de l'Antiquité, se heurte aux superstitions.

Les origines du matérialisme

Démocrite (vers 460-370 av. J.-C.) imagine un univers composé d'atomes. L'épicurisme* est une philosophie comprenant une théorie du monde (physique) et une morale. Son fondateur, Épicure (341-270 av. J.-C.), ne nie pas l'existence des dieux mais les considère sans pouvoir direct, sans influence déterminante sur notre vie. Si l'homme est un être de désirs, fait pour le bonheur, celui-ci requiert de ne retenir que les plaisirs naturels et nécessaires, et de se passer de tous les autres. Le matérialisme* conçoit la nature comme un grand ordre dans lequel le sage vit librement en se contentant de peu, à l'opposé, donc, de la frénésie de possession qui caractérise l'homme contemporain ! Les pièges dénoncés par les épicuriens sont la crainte des dieux et de la mort. Nous n'avons à craindre que ce qui nous fait souffrir ; or, la mort est l'absence de toute sensation. Nous n'avons donc pas à la craindre. Les superstitions sont sévèrement critiquées. Cette compréhension matérialiste du monde est, selon ces philosophes antiques, la voie royale menant à l'ataraxie (tranquillité de l'âme).

Un prêtre contre les Lumières

L'abbé Bergier (1718-1790) représente bien la violence de l'opposition de l'institution religieuse aux Lumières. Prêtre, il participe à sa façon au progrès en critiquant Rousseau et son *Contrat social*, la religion naturelle de Voltaire et le matérialisme d'Holbach.

La foi ou la raison ?

Le matérialisme devient plus radical au XVIIIe siècle, puisque certains vont jusqu'à nier l'existence de Dieu, prôner une science et une morale indépendantes de toute considération métaphysique. La liberté de conscience, le relativisme*, la remise en cause des dogmes et la foi dans les progrès de l'humanité sont les conséquences d'une vision matérialiste de l'existence. L'*Encyclopédie* ne défend pas comme tel l'athéisme*, mais sa confiance dans le pouvoir de la raison* humaine relativise l'importance accordée aux croyances religieuses. Les philosophes peuvent être croyants. Voltaire, Rousseau, Diderot ne font pas de l'inexistence de Dieu un dogme. Ils vont même parfois soutenir des thèses déistes*, fidéistes*, souvent liées à la contemplation de la nature. Mais la distinction des deux ordres, foi d'une part, raison de l'autre, reste un apport considérable des Lumières et est, au XVIIIe siècle, la cause de bien des polémiques.

Un mauvais usage de la religion

Les religieux soupçonnent les philosophes des Lumières d'athéisme. Diderot fait de la vie monacale la source du malheur et de ce que l'on nommerait aujourd'hui les névroses (*La Religieuse*, 1760). Rousseau défend une « religion naturelle », foi sensible, sans Église, reliant directement et par les sentiments le croyant à Dieu. Voltaire, qui fut condamné lui aussi par les autorités, croit en Dieu tout en se moquant de la prétention et du pouvoir des hommes. De nombreux exils et procès émaillent le développement des idées des Lumières, alors que celles-ci visent surtout la mauvaise utilisation de la croyance comme superstition. « *Par son secours, les souverains devinrent pour la plupart des tyrans et crurent n'avoir point à craindre les inconvénients de la tyrannie* », écrit d'Holbach dans *La Contagion sacrée* (1768), lui qui est *vraiment* un matérialiste athée.

Les princes et la religion

« *La faiblesse, l'ignorance, les vices et la méchanceté des princes les mirent presque toujours dans l'impossibilité de se passer des secours du sacerdoce* [...]. »
D'Holbach, *La Contagion sacrée*, 1768.

Certains matérialistes se contentent de concevoir le monde comme essentiellement matériel, d'autres, plus radicaux, vont jusqu'à contester la religion. L'esprit des Lumières ne présuppose pas de refuser la foi, mais de la distinguer de l'usage de la raison.

Le destin de l'*Encyclopédie*

Les difficultés n'empêchent pas l'*Encyclopédie* de se développer, de propager en Europe des idées de progrès et de liberté. Partout, l'optimisme rationaliste va gagner en influence. L'esprit critique est une conquête universelle.

La victoire de l'esprit

« L'Encyclopédie, livre puissant, quoi qu'on ait dit, fut bien plus qu'un livre, la conspiration victorieuse de l'esprit humain. »
Jules Michelet, *Histoire de France*, 1833-1844.

D'énormes difficultés...

Le 5 janvier 1757, Damiens commet un attentat contre Louis XV (le malheureux sera écartelé !). Le Parti dévot (nom donné aux opposants jansénistes) est l'ennemi des philosophes. On accuse l'*Encyclopédie* d'être à l'origine de la tentative de régicide. Un édit du Parlement de Paris punit « *de mort ou de galère* » tous ceux qui auront « *imprimé, colporté ou répandu des livres tendancieux* ». Diderot et l'*Encyclopédie* sont bien sûr visés. Pourtant, cultiver la raison*, diffuser le savoir ne contient pas, en soi, de violence. Les philosophes deviennent des cibles, l'objet de moqueries de plus en plus dures et injustes. On les accuse de s'en prendre à la morale, à la religion et au gouvernement. Mais les obstacles sont aussi internes : Rousseau se fâche avec d'Alembert puis c'est d'Alembert qui menace de quitter l'entreprise. Le Parti dévot ne recule devant aucune accusation. Le pape Clément XIII interdit le projet en 1759. On accuse même Diderot de voler des planches à l'Académie des sciences ! André Morellet est emprisonné à la Bastille pour avoir défendu l'*Encyclopédie* contre une satire de Palissot.

... mais une influence universelle

Le monde est désormais conçu comme la raison qui peut le connaître : ouvert à l'infini. Partout, le rationa-

Catherine ange gardien...

Catherine II de Russie, passionnée de philosophie et donc de sciences, appuie à de nombreuses reprises le projet des Lumières et de l'*Encyclopédie*. On le voit donc : la noblesse éclairée ne s'est pas toujours opposée aux philosophes, bien au contraire !

lisme* s'étend. Le terme de « Lumières », *Enlightenment* en Angleterre, *Aufklärung* en Allemagne, *Illuminismo* en Italie signifie cet esprit de conquête et d'optimisme. La philosophie parie sur ce pouvoir de connaître qu'est la raison qui devient la seule autorité légitime. Kant (1724-1804) représente *la* figure emblématique de la philosophie des Lumières. « Que puis-je savoir ? », « Que dois-je faire ? », « Que m'est-il permis d'espérer ? » Telles sont les questions qui orientent ses critiques, autant d'examens par une raison libre de ses propres possibilités. Philosophie conquérante, la pensée des Lumières développe une masse considérable de connaissances.

L'esprit critique

Les Lumières luttent notamment contre l'obscurantisme*, l'Inquisition (qui contrairement à un mythe n'est pas du tout le « privilège » du Moyen Âge), et une conception étriquée de la croyance religieuse. Les encyclopédistes rejettent l'esclavage, la torture, prônent une monarchie* constitutionnelle, rejetant l'autorité de la Tradition, annonçant ainsi les principes de la Révolution* française. Les dix-sept volumes de textes et les onze volumes de planches de l'*Encyclopédie* vont se diffuser partout en Europe, avec des copies, des prolongements, développant un souffle d'humanisme et de fierté rationaliste. La forme même de l'ouvrage signifie bien plus qu'un simple dictionnaire, puisque les articles renvoient les uns aux autres, prouvant ainsi l'unité profonde du savoir et de la raison humaine.

Les difficultés souvent énormes ne viennent pas à bout de ce projet extraordinaire : la liberté de penser, de connaître, de diffuser le savoir humain sous toutes ses formes constitue le sens même du combat des Lumières.

La tolérance

La tolérance des Lumières n'est jamais une indifférence à l'erreur comme à la vérité, mais une ouverture d'esprit permettant l'accession universelle à la raison.

Les deux sens de la tolérance

> **Le dogme**
>
> *« Le dogme n'est pas l'ignorance pure et simple mais l'ignorance qui se donne pour la vérité, qui veut s'imposer dans la vérité : voilà le danger qui menace vraiment la connaissance dans ses œuvres vives. »*
>
> Cassirer, *La Philosophie des Lumières*, 1932.

La tolérance peut avoir un sens purement négatif. Elle réside alors dans le fait de supporter plus ou moins bien ce qui est autre, précisément parce qu'il est différent. On « tolère », par exemple, un médicament, ou une présence désagréable, mais considérée comme inévitable pour un plus grand bien. Cette tolérance est négative, dans le sens où elle n'est au mieux qu'une indifférence à cette étrangeté à soi. Mais les philosophes des Lumières ont permis de donner un sens plus positif à la tolérance. Tolérer n'est pas seulement laisser faire ou dire n'importe quoi par facilité, impuissance ou lâcheté. La tolérance des Lumières accompagne une volonté de vérité. Des philosophes comme Bayle ou Diderot ont prôné une tolérance positive et constructive pour la science et les progrès de la raison*. La superstition n'est pas l'alliée de la religion éclairée mais sa pire ennemie, au fond bien plus dangereuse pour la foi authentique que l'athéisme*.

L'obscurantisme* n'est jamais neutre

On pourrait penser que l'ignorance est toujours le fruit de la malchance. Or, les philosophes des Lumières pensent que derrière l'ignorance se cache le maintien des hommes dans l'impuissance de comprendre par la raison, de se libérer de ceux qui profitent du pouvoir de dominer. Les préjugés, les superstitions sont toujours les instruments des puissants pour prolonger leurs privilèges, et l'accession aux fruits de la raison et de la connaissance est le meilleur moyen de libérer les peuples de la servitude. Inversement, tolérer que des hommes soient maintenus dans l'ignorance, alors que la raison est un bien et une faculté universelle*, c'est se rendre complice des pires tyrans, d'hier et d'aujourd'hui.

Tolérance et rationalisme

Spinoza représente le philosophe rationaliste* par excellence, combattant les préjugés et les croyances illusoires dans son œuvre. Ses engagements ont failli lui coûter la vie... Un opposant tente de l'assassiner ! Dans son *Traité théologico-politique* (1670), il analyse l'origine de la superstition. « *La foi ne consiste plus qu'en crédulité, en préjugés ; et quels préjugés, vraiment ! De ceux qui réduisent des hommes à l'état de bêtes, puisqu'ils empêchent, avec l'exercice libre du jugement, la distinction du vrai et du faux, puisqu'ils semblent inventés tout exprès afin d'éteindre la lumière de l'intelligence.* » Tolérer n'est donc pas accepter les croyances absurdes sous prétexte de « liberté de pensée ». C'est accepter l'erreur inévitable pour tout esprit humain en quête du vrai. Dans ce sens, telle ou telle croyance religieuse n'est pas condamnable en elle-même, tant qu'elle n'empêche pas le développement de la raison, son autonomie, ainsi que l'accession à tous et à toutes au savoir qu'elle produit.

Les visages multiples de la tolérance

L'absolutisme de Louis XIV fait condamner le mysticisme, le jansénisme, qui conteste son autorité, et le protestantisme. Les philosophes Malebranche (*De la recherche de la vérité*, 1674) et Spinoza (*Éthique*, 1677) rejettent le fanatisme et la superstition. En Europe, esprits éclairés, croyants et non croyants défendent la tolérance comme liberté de pensée. Le XVIIIe siècle accélère ce processus, en particulier avec Kant.

Les philosophes des Lumières ont rendu possible l'idée même de tolérance. Ni laisser-faire ni indifférence devant ce qui n'est pas soi, ou en soi, la tolérance positive des Lumières accompagne le développement et la recherche de la vérité.

L'utopie politique et la Révolution

Les philosophes des Lumières ont directement inspiré les idéaux des révolutionnaires, dans leur projet de constitution d'une république fondée sur les valeurs d'une raison universelle comme dans les pires moments de la Terreur.

Les lois révolutionnaires
« Le gouvernement révolutionnaire doit aux bons citoyens toute la protection, il ne doit aux ennemis du peuple que la mort. Ces notions suffisent pour expliquer l'origine et la nature des lois que nous appelons révolutionnaires. »
Robespierre, discours à la Convention du 5 septembre 1793.

La Volonté générale et la Révolution

Les philosophes des Lumières vont jouer un rôle déterminant dans la constitution des idées révolutionnaires*. Montesquieu souhaite une monarchie* ouverte, tempérée, Diderot, Voltaire et les encyclopédistes prônent, quant à eux, une forme de despotisme éclairé par les lumières de la raison*. Rousseau va sans doute le plus loin en soutenant, dans *Le Contrat social* (1762), la possibilité d'un droit du peuple, de sa souveraineté nommée « volonté générale », distincte de la pure et simple somme des volontés particulières. Le peuple est bien ici considéré comme le fondement, l'auteur de la loi à laquelle il se soumet, librement, indépendamment de toute religion, de toute tradition. Rousseau est déiste*, il influence grandement Robespierre qui évoquera « l'Être suprême » pour exprimer la puissance spirituelle.

L'horreur au nom des Lumières...

Durant la Révolution, la France est déchirée par la Terreur*. Les historiens considèrent généralement deux périodes : la déchéance de Louis XVI le 10 août 1792, et la proclamation de la République le 21 septembre 1792, qui généralise le crime de masse en le « légitimant » par des tribunaux révolutionnaires. À cela s'ajoute la peur de l'ennemi, les troupes prussiennes qui menacent d'envahir et de détruire

Paris. La peur est instrumentalisée par les plus fanatiques des Jacobins*, qui se tournent vers les contre-révolutionnaires, déjà enfermés, pour les massacrer, le tout au nom des idéaux de la liberté et de la raison ! Partout, des prêtres réfractaires sont égorgés, des prostituées et des enfants assassinés. Les députés girondins sont purement et simplement éliminés le 2 juin 1793. La Convention élit des comités : Robespierre et son Comité de salut public, dont les plus acharnés sont Barrère et Billaud Varenne, et le Comité de sûreté générale. Danton, Desmoulins et Robespierre lui-même sont victimes à leur tour de cette folie au nom de la raison révolutionnaire.

Une bonne et une mauvaise Terreur ?

Robespierre distingue deux genres de terreur : celle, non fondée, du tyran et celle des révolutionnaires, basée sur un idéal universel de la raison.

Philosophie de la Terreur et culte de la raison

Le révolutionnaire Saint-Just se réfère explicitement à Rousseau. Son programme : imposer la vertu au peuple et la terreur aux aristocrates. La Terreur révolutionnaire n'est donc pas absurde dans le sens où elle trouve une forme de « justification » théorique dans une volonté d'appliquer ce qui constitue, aux yeux des Jacobins, le sens de l'Histoire. Les conséquences matérielles et humaines sont épouvantables : on brûle, dévalise tous les lieux saints, pour laisser place à des « fêtes de la Liberté ». Le calendrier catholique lui-même est changé. Robespierre est déiste : il prône une religion naturelle à la fois contre les purs athées* et contre les chrétiens. Le déisme affirme l'immortalité de l'âme, mais exige une morale laïque et républicaine. Cette mystique fondée sur la gloire de la raison rassemble des foules dans des rituels au nom de l'Amitié, du Genre humain… Les hébertistes, ou « exagérés de la Révolution », rejettent le déisme au nom d'un matérialisme* pur et dur.

La raison (faculté universelle de connaître) est au cœur du projet révolutionnaire de libération des hommes. En son nom, les principes de la république voient le jour. Mais pour défendre cet idéal, les plus acharnés vont assassiner, détruire toute opposition : c'est la période noire de la Terreur.

Liberté et sexualité, provocation et libertinage

Siècle des Lumières, le XVIIIe voit se développer un courant littéraire qui thématise l'expérience du mal comme profondément humaine, en mêlant sexualité débridée, fascination et condamnation, jusqu'aux délires froids du marquis de Sade.

Le libertinage

Le XVIIe siècle a connu son maître du libertinage à travers le personnage de don Juan. Ses principes ? Remettre en cause les croyances et les normes fondées sur la morale, la religion. Lançant, en quelque sorte, un défi à Dieu, méprisant le sacré, le don Juan de Molière est puni puisqu'il meurt frappé par la statue du commandeur représentant le bras vengeur et divin. Le XVIIIe siècle reprend ce mythe du libertin à l'esprit rebelle, rationaliste* à l'extrême, et surtout en guerre contre les bonnes mœurs d'une société qu'il déteste. La perversité et la sensualité se mêlent dans la littérature libertine qui se développe au siècle des Lumières. Pierre Choderlos de Laclos et le marquis de Sade sont les représentants les plus connus de ce mouvement. Ils font écho, dans leurs livres, à un mode de vie dévoyé, comme le complément contemporain du bien, la face obscure des lumières de la raison*. La libération de la pensée accompagne, jusqu'à un certain point, la libération des mœurs.

Sade en prison !

Ce fou génial est enfermé plusieurs fois dans l'asile de Charenton à cause de pressions exercées par la censure : la liberté révolutionnaire a ici trouvé les limites de sa « tolérance ». La république fondée sur la raison ne veut pas voir ce que la société réelle sécrète, ses marges.

Les Liaisons dangereuses

Des penseurs célèbres comme Diderot (*Les Bijoux indiscrets*, 1748) ou Montesquieu (*Le Temple de Gnide*, 1725) ont écrit dans le genre libertin. Choderlos de Laclos (1741-1803) mène une triste vie de militaire à Toul. C'est là qu'il écrit un chef-d'œuvre du libertinage, *Les Liaisons dangereuses* (1782), un roman mettant en scène la correspondance passionnante et osée d'aristocrates (le vicomte de Valmont et la marquise de Merteuil) qui se servent de stratagèmes machiavéliques pour séduire. Valmont et la marquise se disent tout, ils semblent dominés par la raison, et au fond, ne cessent de s'aimer. Mais le jeu dangereux des désirs et de la séduction se retourneront contre eux. Leur cynisme cause leur perte. Le renversement des valeurs façonne l'intrigue et rend les personnages attachants. Mais si le siècle des Lumières est fasciné par le mal, contrepoids de la raison, la plupart de ses écrivains « punissent » leurs personnages en les faisant périr par où ils ont péché. Valmont meurt dans un duel, la marquise est défigurée par la petite vérole !

Une apologie du Mal

« La cruauté n'est autre chose que l'énergie de l'homme que la civilisation n'a point encore corrompue : elle est donc une vertu et non pas un vice. »
Sade, *La Philosophie dans le boudoir*, 1795.

Sade, un génie ou un fou ?

Le marquis de Sade (1740-1814) mène lui-même une vie de débauche qui le conduit de nombreuses fois en prison. Il est même condamné à mort à Marseille pour avoir voulu empoisonner des prostituées et fuit en Italie (1772). Il rentre à Paris… pour y être emprisonné à Vincennes, puis à la Bastille et à Charenton jusqu'en 1790. Il est l'auteur, notamment, de *Justine ou les Malheurs de la vertu* (1791). *La Philosophie dans le boudoir* (1795) fait explicitement l'éloge du mal sur tous les plans, tant au niveau de la sexualité que de la cruauté envers son prochain. Tout y est décrit dans les moindres détails. L'horreur naît aussi des descriptions froides, implacables. Les personnages, trois « éducateurs » (Madame de Saint-Ange, le chevalier de Mirval et Dolmancé) se chargent de faire découvrir à une jeune fille leur conception du plaisir. D'une cruauté inouïe, les scènes sont des tableaux d'horreur. Leur but est à la fois de choquer et de peindre la vraie nature humaine, déterminée par les lois de la matière plus que par celles de l'esprit.

Le siècle des Lumières ne se résume pas à la philosophie rationaliste humaniste. Des écrivains comme Laclos et surtout Sade décrivent le mal jusqu'à la fascination. Sade justifie la débauche par la liberté et le mal par l'imitation de la nature.

Les fruits politiques du rationalisme

L'universalité de la raison implique la tolérance, la liberté et l'égalité devant la loi. La philosophie des Lumières se concrétise dans la laïcité républicaine et les droits de l'homme.

Allégorie révolutionnaire de Nicolas-Henry Jeaurat, 1794, avec le portrait de Jean-Jacques Rousseau.

La laïcité

La séparation de l'Église et de l'État (loi de 1905) est le fruit de la distinction entre la foi et la raison* prônée par les philosophes des Lumières. La religion est garantie comme un droit fondamental, mais aucune croyance n'est supérieure à la loi. La laïcité neutralise ainsi les croyances en limitant leur sphère à la vie privée – même si, concrètement, les engagements religieux influencent la vie sociale : la générosité, l'éducation des enfants, etc. La laïcité permet de vivre ensemble en garantissant la liberté de culte. L'athéisme* est un droit. Pour les Lumières, penser librement est suivre la raison indépendamment de toute croyance, de tout préjugé, de toute autre autorité. Cette liberté, fruit de la raison, ne doit pas contredire la liberté de conscience, personnelle, intime, qui est sauvegardée par la laïcité.

La Déclaration des droits de l'homme

« Nul ne doit être inquiété pour ses opinions, même religieuses, pourvu que leur manifestation ne trouble pas l'ordre public établi par la loi. »
***Déclaration des droits de l'homme et du citoyen de 1789*, article 10.**

La république

Les philosophes des Lumières se sont inspirés des modèles de la Grèce et de la Rome antique. Rousseau prône notamment une cité régie par l'égalité de tous devant la loi, seule garantie de la liberté civile, et la soumission de chacune des parties composant l'État au « contrat social » (pacte de souveraineté politique du peuple) – fût-ce en sacrifiant une part de sa liberté naturelle. La république correspond au principe d'autonomie défini par Kant et appliqué au peuple : obéir aux lois dont il est l'auteur. Seule la soumission à ces mêmes lois, pour tous et partout sur le territoire composant la nation, permet la liberté et l'égalité. Un État transcende les différences, instaure le refus d'une autre autorité (la force, la tradition, la religion, la famille, le groupe, la culture) que le droit issu des représentants du peuple. Dans les faits, l'école républicaine corrige imparfaitement les inégalités sociales, et le pacte républicain a conduit à détruire par la violence les cultures et les langues soupçonnées à tort de menacer l'unité nationale. La république suppose la séparation des pouvoirs préconisée par Montesquieu (*De l'esprit des lois*, 1748)

République et démocratie

La France est un État républicain. La démocratie, pouvoir du peuple, par le peuple et pour lui, peut exister ailleurs que dans un tel système, comme dans les monarchies* constitutionnelles (Espagne, Royaume-Uni, Suède) ou les États fédéraux (États-Unis).

Les droits de l'homme

Les différentes déclarations des droits de l'homme sont des applications de la philosophie des Lumières. « *Les hommes naissent libres et demeurent égaux en droit. Les distinctions ne peuvent être fondées que sur l'utilité commune* » (Déclaration de 1789, article 1). Le droit de propriété (articles 2 et 17), la présomption d'innocence (article 9) et la liberté d'opinion (article 11) sont affirmés comme essentiels. La loi exprime la « volonté générale » (article 6) inspirée de Rousseau. L'Anglais Burke (1729-1797) s'oppose à cet idéal, lui reprochant son abstraction et préférant la nature et de « bons préjugés » plutôt que la raison et la loi. Karl Marx (1818-1883) critiquera aussi sévèrement cette Déclaration, lui reprochant son individualisme bourgeois. Une autre Déclaration (Déclaration universelle des droits de l'homme, 1948) voit le jour en s'inspirant elle aussi des idéaux des Lumières contre le totalitarisme. Aujourd'hui, on évoque de nouveaux droits pour protéger la planète des dangers de la pollution. Les Lumières continuent donc de nous éclairer !

Les principes de laïcité, les valeurs républicaines et les droits de l'homme sont issus directement des philosophes des Lumières. L'universalité* de la raison, la liberté et l'égalité conditionnent le respect de l'humanité.

Les Lumières dans la philosophie d'aujourd'hui

La plupart des débats contemporains sur la tolérance religieuse, l'usage de la science, l'environnement, les droits de l'homme sont directement influencés par les philosophes des Lumières.

Guerre et paix pour les Lumières ?

L'intervention des États pour sauvegarder la planète, le droit des petits pays à disposer d'eux-mêmes, la défense de la dignité humaine dans des régions du monde où les femmes n'ont aucune liberté, ne peuvent se fonder que sur une certaine idée de l'humanité, de la raison et du progrès associée à la responsabilité. Autant d'héritages directs de la philosophie des Lumières !

Les droits de l'homme

Dans leurs différentes versions, les droits de l'homme considèrent qu'au-delà des différences dues à la culture (langues, coutumes), à la religion ou aux particularités héritées de la nature (différence sexuelle, couleur de peau) existent des droits fondamentaux, propres à l'humanité dans ce qui la définit essentiellement. Mais les partisans des droits à la différence considèrent que l'universalisme est abstrait et ne respecte ni les choix communautaires, ni les cultures dominées, ni les traditions. Sur un autre plan, les marxistes reprochent aux droits de l'homme de défendre la bourgeoisie. Aujourd'hui, le droit individuel de choisir son existence (sexualité, mode de vie) contre les pouvoirs oppressifs est autant revendiqué que l'égalité politique et économique (Deleuze, Foucault). Pour autant, les philosophes contemporains prolongent l'héritage des Lumières dans sa version athée*, rationaliste*(Alain Badiou) ou humaniste (Alain Renaut, Luc Ferry).

La tolérance religieuse : jusqu'où ?

Les philosophes des Lumières, partisans de la raison* et de la liberté humaine, défendent un droit fondamental à la critique. Ils refusent le poids des traditions religieuses qui enferment l'esprit et la vie quotidienne des hommes et des femmes, hier comme aujourd'hui. Tout homme a le droit (lui aussi revendiqué comme tel grâce aux Lumières !) de pratiquer sa religion, d'où le débat contemporain sur la liberté religieuse.

Les animaux ont-ils des droits ?

Pour protéger la nature qu'ils ont pendant si longtemps dominée et détruite pour satisfaire leurs intérêts, les hommes sont tentés de revendiquer des droits propres aux espèces qui peuplent la planète. Le réchauffement climatique est le produit catastrophique de la bêtise des hommes. La chasse d'espèces menacées de disparition et la pollution poussent des philosophes à revendiquer des droits naturels, l'extension des droits à toute espèce vivante (Michel Serres, *Le Contrat naturel*, 1990). Certains redéfinissent la responsabilité non à partir du passé mais de ce que nous laisserons à nos descendants (Hans Jonas, *Le Principe de responsabilité*, 1979). En sacralisant la vie comme valeur absolue, on se heurte à des libertés issues des Lumières telles que le droit à l'avortement. D'autres philosophes comme Luc Ferry considèrent que, s'il faut protéger les animaux des cruautés humaines, le droit ne peut être que fait par et pour des humains.

La Raison dans l'Islam

« Le thème de la raison constitue, on le voit, un enjeu majeur de la modernité en Islam. »
Malek Chebel, *L'Islam et la Raison, le combat des idées*, 2006.

La défense des minorités

De nombreuses associations militent pour défendre les droits des minorités contre les violences et les discriminations de toutes sortes. Celles-ci frappent par exemple les homosexuels, appelés « gays », alors qu'on ne définit pas des individus non homosexuels par leur orientation. Les philosophes des Lumières sont des sources théoriques permettant de revendiquer le droit des femmes (au nom de l'universalité* de la raison, de la dignité : tout homme s'abaisse en acceptant la maltraitance des femmes), la lutte contre l'antisémitisme et le racisme. La défense des cultures et des langues dites « régionales » (comme le breton, le basque, le corse face au français, le français face à l'anglais…) peut se revendiquer en vertu de ce que les Lumières ont produit de meilleur, à savoir que chaque langue est un trésor universel.

Tous les débats contemporains sont marqués par l'héritage des Lumières, notamment quand il s'agit de savoir au nom de quoi limiter la pratique religieuse ou comment défendre les droits des minorités.

Glossaire

Agnosticisme, agnostique : position d'incertitude assumée comme telle concernant l'existence de Dieu. L'agnostique se refuse à trancher dans le débat, n'étant ni croyant ni athée.

Androcentrisme : conception du monde et du savoir réduite au seul point de vue masculin.

Astronomie : étude scientifique des planètes et des galaxies.

Athéisme : affirmation de l'inexistence de Dieu.

Autoritarisme : mode de gouvernement axé sur le seul pouvoir de son représentant.

Déisme : croyance en l'existence d'un Dieu sans révélation ni pouvoir sur la destinée humaine.

Déterminisme : conception du monde, de la nature ou de la société considérant que tous les phénomènes sont explicables à partir des seules relations de cause à effet. Une telle vision relativise ou nie la liberté humaine.

Épicurisme : doctrine grecque matérialiste prônant une sagesse basée sur les plaisirs limités, l'indifférence à l'égard des dieux et de la mort.

Essence : l'essence est le propre d'un être, d'une chose ou d'une relation, sa condition d'existence. L'essence d'un triangle est d'avoir trois angles ; c'est ce qui le définit, le fait exister comme tel.

Existentiel : caractère propre à l'être humain prenant conscience de sa condition finie et de sa liberté.

Féminisme : courant de résistance culturel et politique contre l'oppression subie par les femmes.

Fidéisme : doctrine catholique affirmant la dépendance de la raison par rapport à la foi.

Hédonisme : morale fondée sur le plaisir.

Jacobinisme : mode de gouvernement issu de la Révolution française insistant sur la centralisation des pouvoirs et l'autorité de la république.

Matérialisme : conception considérant qu'il n'existe d'autre réalité que matérielle. L'âme, l'esprit, la conscience (etc.) apparaissent comme des effets plus ou moins illusoires et subjectifs d'un conditionnement matériel.

Monarchie : système politique fondé sur le pouvoir royal limité ou non par une Constitution.

Obscurantisme : refus de la raison au profit des préjugés.

Raison : faculté de connaître objectivement le réel.

Rationalisme : philosophie affirmant le pouvoir de la raison dans la connaissance des conduites humaines.

Relativisme : mise en équivalence des cultures sur le plan des valeurs et des vérités.

Relativisme culturel : refus de juger en bien ou en mal les différences culturelles, le plus souvent au nom de la tolérance et de l'ouverture d'esprit.

Révolution : renversement plus ou moins violent de l'ordre social et politique existant au profit d'un autre modèle de société.

Romantisme : courant littéraire du XIXe siècle valorisant les passions, le retour à la nature et critiquant l'inauthenticité du progrès.

Scepticisme : pratiquant à l'origine le doute radical, les sceptiques s'interdisent de conclure et laissent leur jugement en suspens. Le scepticisme considère comme hors de portée humaine toute sorte de vérité.

Sensualisme : attitude partant de la richesse offerte par nos sensations pour ressentir profondément la réalité, la nature et la vie.

Spiritualisme : toute conception affirmant non seulement l'indépendance de l'esprit par rapport à la matière, mais le plus souvent sa supériorité.

Terreur : répression violente des révolutionnaires, de 1792 à 1794, visant les ennemis de la Révolution.

Universalité : qualifie le savoir, le droit et les pratiques communes à tous les êtres humains. Les droits de l'homme issus de la pensée des Lumières sont « universels ».

Bibliographie

BOURDIN (Jean-Claude), sous la dir. de, *Les Lumières et l'idéalisme allemand*, coll. « Philosophie en commun », L'Harmattan, 2007. Tous les thèmes de la philosophie abordés à partir de la confrontation entre la philosophie allemande et les grands penseurs des Lumières.

CASSIRER (Ernst), *La Philosophie des Lumières*, traduction de Pierre Quillet, Agora Poche, 1986. L'un des philosophes contemporains les plus importants présente et défend l'héritage des Lumières contre les dérives de la pensée et de la politique contemporaines.

CHEBEL (Malek), *L'Islam et la Raison, le combat des idées*, coll. « Tempus », Perrin, 2006. Une mise au point historique et philosophique incontournable aujourd'hui sur la liberté et la raison dans l'Islam.

FERRY (Luc) et RENAUT (Alain), *Philosophie politique*, PUF, 2003. Une analyse des modèles philosophiques constitutifs de la pensée politique contemporaine.

HEGEL (Georg W. F.), *La Raison dans l'Histoire*, coll. « Bibliothèques », 10/18, 2003. Une leçon magistrale pour penser le sens de l'Histoire.

KANT (Emmanuel), commentaires de Jean-Michel Muglioni, *Qu'est-ce que les Lumières ?*, coll. « Classiques et Cie », Hatier, 2007. Par le philosophe des Lumières, incarnation parfaite de la raison et de la liberté. Toute son œuvre en témoigne. Cet ouvrage illustre la prise de conscience de ce mouvement par son plus grand représentant.

KANT (Emmanuel), *Vers la paix perpétuelle*, coll. « Classique et Cie », Hatier, 2007. L'un des philosophes les plus importants des Lumières conçoit notamment la nécessité d'une institution internationale…

KINTZLER (Catherine), *Qu'est-ce que la laïcité ?* coll. « Chemins philosophiques », Vrin, 2007. Un livre de synthèse remarquable par son côté accessible et sa précision sur l'un des fruits des Lumières : la laïcité.

LENOIR (Frédéric), *Le Christ philosophe*, Plon, 2007. Les droits de l'homme et la démocratie, fruits d'un certain christianisme, si éloigné de l'horreur de l'Inquisition : le philosophe décortique la nature éthique et universelle du message évangélique.

MERVAUD (Christiane), SEILLAN (Jean-Marie), *Philosophie des Lumières et valeurs chrétiennes*, coll. « Ouverture philosophique », L'Harmattan, 2008. Trente-deux études sur la philosophie, la littérature, les sciences, le droit, la théologie, démontrant à quel point foi et raison se sont enrichies mutuellement dans le mouvement des Lumières.

NEAIMI (Sadek), *L'Islam au siècle des Lumières*, coll. « Histoire et perspectives méditerranéenne »,

L'Harmattan, 2003. Un livre important sur la réception de la civilisation islamique en Occident et son influence sur le mouvement des Lumières.

NORDMANN (Sophie), *Philosophie et judaïsme : Hermann Cohen, Franz Rosenzweig, Emmanuel Levinas*, PUF, 2008. Une synthèse claire et passionnante sur les relations du judaïsme avec les plus grandes philosophies modernes.

ROUSSEAU (Jean-Jacques), *Du Contrat social*, coll. « Classique et Cie », Hatier, 2007. L'un des textes fondateurs de la philosophie politique moderne.

STANGUENNEC (André), *Hegel, une philosophie de la raison vivante*, Vrin, 1997. Un ouvrage important par son ampleur et sa technicité. La philosophie de l'histoire de Hegel est un produit des Lumières. Si déterminante dans tous les domaines, elle est présentée et expliquée de manière approfondie.

STAROBINSKI (Jean), *L'Invention de la liberté, 1700-1789*, coll. « Bibliothèque illustrée des histoires », Gallimard, 2006. Sur l'art et la philosophie des Lumières.

VALMER (Michel), *Le Théâtre de sciences*, CNRS Éditions, 2006. Un livre important et riche sur la philosophie des Lumières, Diderot en tête, et ses effets sur le théâtre.

VÉDRINE (Hélène), *Censure et pouvoir, trois procès : Savonarole, Bruno, Galilée*, coll. « Philosophie en commun », L'Harmattan, 2003. Un livre passionnant sur les procès et la torture, au nom des Écritures, finalement le procès de la raison par l'Inquisition.

Index

Le numéro de renvoi correspond à la double page.

Les notions

Index (suite)

Les noms propres

Les Essentiels Milan,
64 pages pour comprendre

Autres titres sur le thème
« Philosophie » :
Les philosophes anciens (n° 75)
Les philosophes modernes (n° 76)
Les philosophes contemporains (n° 98)
Les philosophes du Moyen Âge et de la Renaissance (n° 104)
Les grandes interrogations philosophiques (n° 118)
Les grandes interrogations morales (n° 143)
Les grandes interrogations politiques (n° 145)
Les grandes interrogations de la connaissance (n° 161)
Kant ou l'invention de la liberté (n° 186)
Aristote ou l'art d'être sage (n° 210)
Saint Augustin ou la découverte de l'homme intérieur (n° 256)
Michel Foucault, le philosophe archéologue (n° 271)
Pascal ou l'expérience de l'infini (n° 279)
Descartes ou l'héroïsme de la modernité (n° 293)

La collection « Les Essentiels Milan »,
c'est plus de 300 titres déjà parus
dans les domaines suivants :

- Arts, littérature et culture
- Politique, droits et institutions
- Économie, nouvelle économie
- Histoire, pays et religions
- Philosophie
- Psychologie, psychanalyse et sciences humaines
- Sciences, médecine et bien-être
- Société et médias
- Pratique

Venez découvrir l'ensemble du catalogue « Les Essentiels Milan » sur notre site : www.editionsmilan.com

Ont collaboré à cet ouvrage :
Astrid Dumontet
Ingrid Pelletier
Maquette
Georges Rivière
Conception graphique et couverture
Bruno Douin
Iconographie
Anne Lauprête

Crédit photo
p. 3 : © PrismaArchivo / Leemage
pp. 10-11 : © Stefano Bianchetti / Corbis
pp. 22-23 : © Rue des Archives Paris France
pp. 34-35 : © Bianchetti / Leemage
pp. 54-55 : © Musée Carnavalet / Roger-Viollet

D. L. : avril 2009
ISBN : 978-2-7459-3748-3
Imprimerie Hérissey, 27000 Évreux
Imprimé en France